ZUR ZEIT

Wolfgang Ullrich
DIE ›GAMIFICATION‹ DER KUNST
S. 10

Elena Beregow
2000ER-SENSIBILITÄT
S. 19

Annekathrin Kohout
REELS
S. 27

Gunnar Schmidt
**HIMMELFAHRTEN ODER DIE ZUKUNFT VERKAUFEN.
BLUE ORIGIN, SPACEX, VIRGIN GALACTIC**
S. 36

Tom Holert
SONNENBRILLE ALS »POLITISCHES INSTRUMENT«
S. 46

Anna Seidel
SONDERAUSGABEN – ZEITSCHRIFTEN
S. 52

Klaus Nathaus
**POPULARITÄTSMESSUNGEN
IN DER MUSIK**
S. 57

Thomas Hecken
DIE QUIZSHOW
S. 64

Lisa Andergassen
PARASOZIALE BEZIEHUNGEN AUF ONLYFANS
S. 71

Diana Weis
**MINI ME. POSTDEMOKRATISCHE KÖRPER:
PLASTISCHE CHIRURGIE, GENETIK, TRAUMA**
S. 76

Viola Hofmann
TALIBAN, KAMIZ SHALWAR, CHEETAH-SNEAKER
S. 82

Christoph Ribbat
BOXEN OHNE KOPFTUCH
S. 89

Torsten Hahn
**VORBEMERKUNGEN ZU EINER
THEORIE DES CHINESISCHEN
SCHNELLRESTAURANTS**
S. 93

Joshua Groß
JAMES TURRELL, SPRENGEL MUSEUM
S. 98

Oliver Ruf / Christoph H. Winter
STÄDTEPUZZLES IN FEUILLETON UND FEED
S. 104

Dietmar Kammerer
KLEINE WELTEN
S. 111

Tilman Baumgärtel
QR-CODE: EIN BILD, EINE FUNKTION
S. 116

Andreas Gebesmair
YOUTUBE: CONTENT, CREATOR, KULTURINDUSTRIE
S. 122

ESSAYS

Kaspar Maase
POPULÄRKULTUR UND ALLTÄGLICHES ÄSTHETISCHES ERLEBEN
S. 130

Hans J. Wulff
DIE WIKINGER
S. 156

HINWEIS ZU DEN AUTORINNEN UND AUTOREN
S. 177

IMPRESSUM
S. 179

SEITE *8–127*

ZUR ZEIT

Welche Ereignisse der letzten Zeit lohnen einen Rückblick? Was verdient eine kritische Zusammenfassung? Welche Analysen oder Kommentare zählen nicht zum Konsens der aktuellen Berichterstattung? Feste Autorinnen und Autoren geben darauf Antworten, in jedem Heft in den Bereichen Musik, Mode, Politik, Presse, Event, Essen, Internet, Multimedia, Technologie, Ökonomie, TV, Sex, Design, Sport, Marketing.

Die Artikel dieser Ausgabe wurden von November 2021 bis Januar 2022 geschrieben.

KUNST

DIE ›GAMIFICATION‹ DER KUNST

Wolfgang Ullrich

◆

Ich kann es mir nicht verkneifen und beginne mit einem Hinweis auf meine vor fünf Jahren an dieser Stelle in Heft 10 publizierte Kolumne. Damals, im Frühling 2017, schrieb ich unter dem Titel »Von der Ware zur Währung« über serielle Kunst – und nicht zuletzt über Damien Hirst und seine »Spot Paintings«. Diese über mehr als drei Jahrzehnte hinweg entstandenen Bilder mit mehr oder weniger vielen Punkten in verschiedenen Farben gibt es in einer solide vierstelligen Anzahl, sodass immer mehrere gleichzeitig auf dem Markt sind, Sammlerinnen also jederzeit feststellen können, wie hoch die Preise sind. Es gibt sogar »einen Tageskurs«, wie ich bemerkte, um weiter zu spekulieren, ob Hirst mit seiner Serie nicht vielleicht auf dem Weg sei, »eine Art von paralleler Währung zu etablieren«. Die Bilder seien »nicht mehr bloß eine Ware auf dem Markt«, sondern würden »wie Gold oder Öl, Anlegern Stabilität verheißen und als Referenz für anders, vor allem für andere Kunst gelten«.

Ich staunte nicht schlecht, als ich im Juli 2021 erstmals von Hirsts neuem Projekt »The Currency« las. Es ist vom Künstler diesmal also von vornherein mit der Funktion einer Währung entwickelt worden. Und wieder geht es um Punkte. So ließ Hirst 10.000 Blätter aus handgeschöpftem Papier im Format 20 x 30 cm mit Punkten aus Emailfarbe füllen. Diese verteilen sich ungleichmäßig über die Oberfläche und sind auch nicht alle in derselben Größe; manche haben unsaubere Ränder, auch in der Dicke des Farbauftrags unterscheiden sie sich. Außerdem hat jedes Blatt einen eigenen Titel, erstellt von einem Computerprogramm, das mit Zeilen aus Lieblings-Songs von Hirst gefüttert wurde.

Heni © Instagram

Heni © Instagram

11

Damien Hirst © Instagram

Die 10.000 Blatt sind fälschungssicher wie Geldscheine – mit Wasserzeichen im Papier sowie einem auf der Rückseite aufgeprägten Hologramm, das ein Porträt des Künstlers zeigt.

Die Blätter wurden aber nicht als materielle Werke verkauft. Vielmehr konnte man sich um ein digitales Eigentumszertifikat in Form eines NFT bewerben – eines ›Non Fungible Token‹, also einer eindeutig identifizierbaren und in einer Kryptowährung handelbaren Zeichenkette. Dass jede damit vollzogene Transaktion auf einer Blockchain, einer Art von ständig fortlaufendem Kontobuch, verzeichnet wird, garantiert das Eigentum. Denn sämtliche dort vollzogenen Einträge sind für alle einsehbar und auf den Computern der Nutzer dezentral und entsprechend sicher vor Manipulationen hinterlegt.

Für die 10.000 NFTs, die zum Preis von 2.000 US-Dollar angeboten wurden, gab es fast 70.000 Bewerbungen, sodass bei dem Kunsthandelsunternehmen HENI, das das Projekt zusammen mit Hirst organisiert, per Los entschieden wurde, wer den Zuschlag erhielt (ich gehörte leider nicht dazu). Die Gewinnerïnnen haben ein Jahr lang die Wahl, ob sie das NFT behalten und gegebenenfalls weiterverkaufen oder aber in das materielle Bild umtauschen wollen. Im ersten Fall wird dieses von Hirst zerstört, im anderen Fall das NFT gelöscht. Noch ist unvorhersehbar, wie sich die Eigentümerïnnen verhalten: ob die meisten, ganz traditionell, lieber ein gemaltes Bild an der Wand haben, das sie ja immer noch verkaufen können – oder ob sie sich nicht mit materiellem Besitz belasten und jederzeit mit ihrem NFT handeln wollen. Immerhin können sie ersatzweise eine hochauflösende Fotodatei ausdrucken, die sie von HENI zur Verfügung gestellt bekommen.

Dass auf jeden Fall zwei parallele Märkte entstehen, ist spieltheoretisch spannend. Denn zeichnet sich etwa ab, dass die meisten das gemalte Bild vorziehen (vielleicht auch nur, damit es nicht zerstört wird), dürften die relativ wenigen verbleibenden NFTs umso teurer werden – und umgekehrt. Das Spekulationsfieber heizt Hirst ferner dadurch an, dass er alle Bilder der Serie nach diversen Kategorien vermessen ließ: Welches Gewicht hat das Blatt? Wie viele Buchstaben haben die Titel? Wie dicht sitzen die Punkte beieinander? So wurde etwa ermittelt, dass sie bei Nr. 9187 mit dem Titel »The tearful wheel« am lockersten verteilt sind, während »Came on, come on«, die Nr. 7936, die höchste Dichte aufweist.

Wie bei einem Quartett-Spiel kann man einzelne Bilder also gegeneinander antreten lassen. Jedes ist dann auch irgendwann Spitzenreiter, man muss nur lange genug nach Unterscheidungskriterien suchen. Auf der Online-Plattform Discord, auf der sich sonst vor allem Gamer tummeln, tauschen sich nun Eigentümerïnnen von »The Currency« gerade über solche Kriterien aus. Akribisch studieren sie ihre Blätter, um potenziell wertsteigernde Besonderheiten zu entdecken. Und natürlich beobachten sie die Preisentwicklung. Anfangs stiegen die Preise rasch, für hohe fünfstellige, gar für sechsstellige Summen wurden einzelne NFTs verkauft, dann aber fielen sie auch wieder, um sich nach einigen Monaten bei rund 15.000 US-Dollar (und den Äquivalenten in den jeweiligen Krypto-Währungen) einzupendeln. Ob man das als Erfolg oder Misserfolg anzusehen hat, ist umstritten, und erst im Sommer 2022 wird man mehr wissen – sobald klar ist, wie viele der Eigentümer*innen ihr NFT behalten und wie viele lieber das originale Bild haben wollen. Auf jeden Fall sind dann nochmals größere Kursschwankungen und Gewinne zu erwarten.

NFTs waren auch sonst ein großes Thema im zurückliegenden Jahr – nicht nur, aber besonders in der Kunstwelt. Viele Künstler*innen versuchen derzeit bereits vorhandene oder eigens produzierte Artefakte als NFTs zu verkaufen. Das Kunstpublikum erfährt dadurch eine Verjüngung, was durch andere Trends weiter unterstützt wird, die ebenfalls mit der Digitalisierung einhergehen. So begannen die großen Auktionshäuser während der pandemiebedingten Lockdowns mit ›Online only‹-Versteigerungen und erreichten dadurch zum Teil erstmals internetaffine, dabei aber durchaus finanzkräftige und vor allem spekulationsfreudige Milieus.

Zeugt schon Hirsts »The Currency« von einer ›Gamification‹ der Kunst, so gibt es dafür etliche weitere Indizien. Viele aktuelle Kunstprojekte bestehen zuerst einmal aus langen Texten, in denen das jeweilige Geschäftsmodell erläutert wird, sodass man als Interessent*in die eigenen Chancen und Risiken abwägen kann. Als Kunst lässt sich ein Projekt dann am ehesten auch deshalb qualifizieren, weil es aus einem neuartigen oder besonders raffinierten, witzigen oder kunstbetriebskritischen Geschäftsmodell besteht – weil es sich als ›conversation piece‹ eignet und natürlich, ähnlich einer Lotterie, mit großen Gewinnmöglichkeiten lockt.

Die US-amerikanische Künstlergruppe MSCHF gehört zu den erfolgreichsten Akteuren einer ›Gamification‹ der Kunst. Ihre Arbeiten werden als ›drops‹ online publiziert und vertrieben – und sind meist innerhalb weniger Sekunden vergriffen. Im Oktober 2021 verkaufte die Gruppe etwa tausend identische Zeichnungen – 999 davon wurden von einem Roboterarm angefertigt, eine aber, das Vorbild für die anderen, ist ein Original von Andy Warhol. Unter die anderen Blätter gemischt, weiß nun niemand, wer es besitzt. So können tausend Käufer*innen hoffen, dass sie den Warhol ergattert haben, aber sie können es nicht beweisen, haben damit also auch nichts von ihrem potenziellen Glückstreffer – außer sie lassen aufwendige Untersuchungen anstellen, für die sie aber nochmals hohe Geldsummen aufwenden müssten, nur um dann mit sehr hoher Wahrscheinlichkeit zu erfahren, doch keinen originalen Warhol zu besitzen. Für MSCHF aber hat sich das Geschäft auf jeden Fall gelohnt, haben sie jedes Blatt doch für 250 US-Dollar verkauft, während sie für den originalen Warhol nur 20.000 US-Dollar gezahlt haben. (Auf ähnliche Weise hat die Gruppe auch schon mit einem »Spot Painting« von Damien Hirst Gewinne gemacht. So zerschnitt man es in 88 Teile und verkaufte die Punkte einzeln zu

Damien Hirst © Instagram

Damien Hirst © Instagram

einem insgesamt viel höheren Preis, maximierte mit der Zerstörung eines Kunstwerks also dessen Marktwert.)

2021 gelangte MSCHF mit einem weiteren Projekt in die Schlagzeilen. Zusammen mit dem US-amerikanischen Schwarzen Country-Sänger und Rapper Lil Nas X brachte die Gruppe Sneakers mit dem Namen »Satan Shoes« auf den Markt, begleitet von einem neuen Musikvideo zu dem Song »Montero (Call Me By Your Name)«. Das Video führt in Computerspielästhetik und schneller Fahrt durch irreale Landschaften. Was zuerst idyllisch-sinnlich zu sein scheint, entpuppt sich schon bald – und angelehnt an die christliche Ikonografie – als Reise vom Garten Eden ins Reich des Teufels. Weder die Schlange noch Figuren mit Hörnern fehlen, ein Pentagramm taucht genauso auf wie Feuer, und in einigen Szenen sieht man den Sänger mit Höllenbewohnern, die ihn quälen. Gegen Ende des Videos rast Lil Nas X an einer Pole-Dance-Stange in die Hölle hinab und vollführt einen Lapdance im Schoß des Satans, dem er schließlich das Genick bricht, um selbst zum Teufel zu werden. Dabei singt er über die Ängste und Repressionen, die mit dem Ausleben seiner Homosexualität verbunden sind, die in einer weißen, heterosexuellen Mehrheitsgesellschaft nach wie vor oft als etwas teuflisch Böses diskriminiert und dämonisiert wird. Auf diese Weise greift das Video ein Vorurteil offensiv auf, um es in seiner ganzen Heftigkeit sichtbar zu machen.

Doch voll ausgespielt wird das Thema erst durch die »Satan Shoes«. Dass sie auf 666 Exemplare limitiert und für 1.018 US-Dollar verkauft wurden, was auf Kapitel 10,18 des Lukasevangeliums anspielt, wo vom Satan die Rede ist (der Verweis auf die Bibelstelle findet sich auch auf den Schuhen selbst), lässt sich noch als Gag abtun. Etwas aufregender ist, dass in der Luftpolsterung der Sohle jedes Schuhs ein Tropfen Blut enthalten sein soll. Das betont den Charakter der Sneakers als etwas ›Echtem‹, erinnert aber auch an die Praxis, in jeden Altar der katholischen Kirche die Reliquie eines Heiligen einzulassen. Mag diese Parodie eines christlichen Brauchs frivol oder sogar blasphemisch anmuten, so wird mit den »Satan Shoes« aber noch ein anderes Vorbild ins Gegenteil verkehrt. 2019 hatte MSCHF nämlich bereits eine Sonderedition des Nike-Klassikers »Air Max 97« mit dem Namen »Jesus Shoes« entwickelt, in deren Luftpolsterung man Wasser aus dem Jordan füllte. Von den Verpackungsdetails bis zur Website wurden die »Satan Shoes« nun an den »Jesus Shoe« orientiert. Allerdings unterließ man es, sich von Nike die Übernahme des »Air Max 97« sowie des Markenlogos genehmigen zu lassen. Dieses gezielt illegale Vorgehen sollte den Sneakers ganz real eine aggressiv-böse Dimension verleihen und sie bei Sammlerinnen umso begehrter machen. Dass Nike auch sofort vor Gericht zog, bot erst recht Stoff für einen Skandal und sorgte für die erhoffte virale Verbreitung des Falls.

Aber auch jenseits dessen hatten Lil Nas X und MSCHF von vornherein mit Debatten in den Sozialen Medien gerechnet. Tatsächlich lösten die »Satan

lilnasx

 Liked by **wiredfoxterrier** and **others**

lilnasx "MONTERO" 🦋🩶
THE DEBUT ALBUM
OUT NOW!

View all 12.701 comments

lilnasxmajor ENDED EVERY PIECE OF ART

31 August 2021

Lil Nas X © Instagram

Shoes« (viel mehr als das Video) vor allem bei konservativen Christen und in rechten Milieus einen Proteststurm aus. So kritisierte Kristi Noem, Gouverneurin von South Dakota und Trump-Anhängerin, in einem Tweet, »viel exklusiver« als das vermeintlich exklusive Paar Schuhe sei die »von Gott geschenkte unsterbliche Seele« (»more exclusive [is the] God-given eternal soul«). Gegenwärtig aber kämpfe das Land um seine Seele (»We are in a fight for the soul of our nation«), und dieser Kampf müsse unbedingt gewonnen werden (»We have to win«). Im Zuge des bevorstehenden Showdowns zwischen Gut und Böse, Gott und Teufel blies Noem also zum Angriff gegen die MSCHF-Sneakers und Lil Nas X. Dieser reagierte mit eigenen Tweets und heizte die Debatte weiter an, indem er Postings followerstarker Accounts, etwa von Candace Owens, verhöhnte, die die rechte, gegen die Demokratische Partei gerichtete Schwarzenbewegung »Blexit« gründete und die »Satan Shoes« als große Dummheit der Schwarzen bezeichnete (»How stupid can we be?«).

Aggressive, homophobe Angriffe etwa auch von Pastoren und fanatische Verurteilungen (»Satanist«, »Perverser«), die oft ihrerseits hundert- und tausendfach kommentiert und von neuen Hetzparolen begleitet wurden, bewiesen, wie berechtigt es war, dass Lil Nas X seine Perspektive aus mehrfacher Minderheitenposition zum Thema gemacht hatte. Dank der Verbindung von Musikvideo, Sneakers und Interaktionen in den Sozialen Medien schufen er und MSCHF für eine breitere Öffentlichkeit ein prägnant-heftiges Bild der Beleidigungen, denen er und seinesgleichen täglich ausgesetzt sind. Und warum sollte nicht gerade das Kunst sein – Kunst, die aber nicht darauf angewiesen ist, so etikettiert zu werden, weil sie zugleich Aktivismus und Modedesign und vor allem ziemlich viel Spiel und Spekulation ist? ◆

MUSIK

2000ER-SENSIBILITÄT

Elena Beregow

◆

Endlich sind die späten Neunziger und frühen Nuller Jahre als ernstzunehmende Referenz in die Popgeschichte eingegangen. Vielleicht hat es diesen Abstand von zwanzig Jahren gebraucht, um jene Zeit zwischen 1997 und 2003 und ihre Künstlerinnen aus dem Dunst von »Trash«-Mottopartys zu befreien, auf denen »Baby One More Time« ironisch mitgegrölt wird – begleitet von ausladend-schrillen Gesten, damit auch wirklich alle mitkriegen, dass man es nicht ernst meint.

Dass die Mode der 1990er und 2000er Jahre rehabilitiert wird, ist schon seit längerer Zeit zu beobachten. Dabei hat es viele Jahre bauchfreier Croptops und übergroßer Baumwollhoodies, Minihandtaschen, Gelnägel, Bucket Hats, Spaghettiträger, Buffalos, Tattooketten, Bandanas, Slipkleider und Mittelscheitel mit symmetrisch platzierten Haarspangen gebraucht, um nun auch die verschriensten aller Nullersymbole – messerscharfe Mikro-Augenbrauen und hüftig sitzende Hosen zu hoch sitzendem Tanga – zurückzubringen. Aktuell erhalten diese Looks, die nach wie vor häufig als modische Verbrechen geschmäht werden, immerhin eine ebenso leidenschaftliche Verteidigung. »I'm going to start a petition to bring back skinny eyebrows. I think they're the reason why the girlies were so fine in the 2000s«, erklärt @happistarr1 auf TikTok, nachdem Bella Hadid den ersten Schritt zur »Ultimate Skinny Brow Muse« (»Vogue UK«) gemacht hatte. Die heutigen Verfechterinnen der Zweitausender-Renaissance gehören vor allem den Alterskohorten an, die in oder kurz nach der referenzierten Zeit geboren wurden, also den späten Millenials und Zoomern. Ihr Umgang mit

paris2000s © Instagram

dieser Zeit und ihrer Mode und Musik ist denn auch weniger anfällig für die reflexhafte Gleichsetzung von 2000ern und »Trash«.

Das gilt auch für die Popmusik, in der sich ein neuer Umgang mit den Neunzigern und Nullern im Stilverbund mit deren Soundcharakteristika abzeichnet. 2018 sang Charli XCX in fast zwanzigjährigem Jubiläumsabstand mit Autotune-Stimme »I just wanna go back to 1999«, begleitet von zeittypisch peitschenden Eurodancebeats und DJ-BoBoesken Keyboardanschlägen. Im Video zum gemeinsam mit Troye Sivan aufgenommenen Song »1999« spielen die beiden Rose und Jack am Bug der Titanic und kehren als Figuren im Videospiel The Sims wieder, Charli posiert mal als Steve Jobs mit klobigem PC, mal als alle Spice Girls gleichzeitig, Troye wahlweise als Eminem oder alle Backstreet Boys gleichzeitig. Kurz vorher, 2017, errichtete Kim Petras im Video zu ihrem Bubblegum-Popsong »I Don't Want It At All« einen Paris-Hilton-Schrein und stolzierte im charakteristischen Partygirlgestus der frühen Nuller – als Sugarbabe in Bonbonfarben, mit Lolli im Mund und behängt mit Einkaufstüten, die Kreditkarte »declined« – durch eine digital verfremdete Shoppinglandschaft. In diesen Beispielen werden die 90er und 00er Jahre im plakativen Modus ironischer Beschwörung herbeigesehnt, ganz im Geiste diverser populärer 00er-»Throwback«-Accounts auf Instagram wie sainthoax oder She's Vague. Hier werden alte Bilder von Paris Hilton und Nicole Richie, Lindsay Lohan, Britney Spears und Christina Aguilera ausgegraben – nicht nur um ihre legendären Looks zu ehren, sondern auch, um sie nachträglich als Ikonen gegen ›slut shaming‹ und misogyne Doppelstandards zu feiern. Denn trotz Girlpower-Ästhetik mussten weibliche Popstars sich in dieser Zeit u.a. in Interviews noch einen Sexismus gefallen lassen, der in diesem offen aggressiven Ton heute selbst oder vielleicht gerade im Mainstream auf großen Gegenwind stoßen würde. Doch auch wenn man in diese popfeministische Party der Nuller intuitiv ohne zu zögern einzustimmen geneigt ist, wird im Modus der nostalgischen Beschwörung schnell eine andere, subtilere Linie der Nullersensibilität verdeckt; eine, die gänzlich auf jene Throwback-Übersteigerung verzichtet. Besonders prägnant wird sie derzeit von zwei Popkünstlerinnen artikuliert: Lorde auf ihrem Album »Solar Power« und Billie Eilish auf ihrer Platte »Happier Than Ever«, die im Sommer 2021 etwa zeitgleich erschienen sind.

Im Song »Mood Ring« singt Lorde: »I can't feel a thing, I keep looking at my mood ring / Tell me how I'm feeling / Floating away, floating away«. Der ›mood ring‹ gehörte zur festen Ausstattung der frühen Nuller Jahre und hatte die magische Fähigkeit, die Stimmung der Trägerin in ihren Wechseln farblich zu dokumentieren. Bei Lorde soll dieses vergessene Accessoire nun dabei helfen, einer typischen Millenialbefindlichkeit beizukommen: innerer Leere und Apathie. Lordes Song ist eine Hymne für die privilegierten »sad girls«, die jene Taubheit mit Sonnengruß 1 und 2, Microgreens, Astrologie, Skincare, CBD, Moon Juice und Kristallen zu kurieren versuchen, und macht sich einerseits über die Wellnessideologie lustig, die vorgaukelt, dass das funktioniert, transportiert aber zugleich jene abgelöschte Self-Care-Sensibilität als Stimmung (›mood‹), und zwar in einer Präzision, die jede einfache parodistische Distanz aufhebt. Lorde weiß, wovon sie spricht – zumal nach fast eineinhalb Jahren Pandemie.

»Don't you think the early 2000s seem so far away?«, fragt sie am Ende der ersten Strophe und holt einen ganz bestimmten Strang der Nuller als Soundatmosphäre in die Gegenwart zurück. Eine melodische Akustikgitarre mit festem Anschlag und nostalgischem Riff, zurückhaltend blecherne RnB-Drumbeats und hoher gehauchter Gesang lassen Natalie Imbruglia (»Torn«), All Saints (»Pure Shores«), Jennifer Page (»Crush«), S Club 7 (»Bring It All back«) und die frühe Nelly Furtado (»I'm Like A Bird«) buchstäblich durchscheinen. Denn nicht zufällig kreisen all diese Songs um Sonne, Licht, Luft und Strand, womit der Zentraltopos von »Solar Power« benannt ist. »(B)right, forward, shimmery acoustics« nennt Lorde das selbst. Dieser optimistisch-unbeschwerte Nullersound steht nun nicht im einfachen Kontrast zur Stimmung in »Mood Ring«, die »as dark as my roots« ist – eine Anspielung auf den dunklen Haaransatz der blondierten Protagonistin, mit dem Zusatz »if I ever let them grow out« –, sondern beides wird konsequent zu einer Nostalgie verwoben, die letztlich richtungs- und ortlos ist. Zu dieser Entgrenzungswirkung trägt die dritte Referenz im Video bei, die das ganze Album prägt; nämlich die 1960er Jahre als New-Age-Ära von »love and light«. Man sieht Lorde mit anderen jungen erwachsenen Frauen in blassgrünen Gewändern in einem lichtdurchfluteten Raum liegen, der ausgekleidet ist mit beigem Leinen, umgeben von Büchern, Spiegeln, Federn, Steinen, Pflanzen, Chiasamen und Kristallen. Man sieht sie yogische Ornamente bilden, sich die Haare kämmen, durchweg ungeschminkt und ernsthaft, was das Ganze nicht glamourös, sondern eher therapeutisch wirken lässt. Da liegt unverkennbar eine Selbsthilfegruppe zusammen, die mit den transgressiv-spirituellen Bemühungen der Hippies nichts gemein hat; was sie daraus allenfalls als Inspiration zieht, sind beruhigende Farben und hautfreundliche Stoffe, Atem- und Rückenübungen, Meditation als Schadensbegrenzung – mit der Pointe, dass die Lichttherapie trotz aller Versuche die Seele nicht erreicht hat. Ein vielgelikter Kommentar auf YouTube bringt es auf den Punkt: »I think this song is brilliant in how it combines making fun of superficial new-ageist nonsense, but the undertones of a genuine depression are also felt. This is a solid exercise in post-irony, and a very convincing musical piece, what with the modulations, crescendos, musical jokes; you know it's good.«

Auf den ersten Blick mag Billie Eilishs Album »Happier Than Ever« zur – wenn auch gebrochenen – Helligkeit von »Solar Power« im Kontrast stehen. Der Grundton in Soundsprache wie visueller Ästhetik ist dunkel, ja düster, die Videos spielen nachts auf der Straße (»NDA«), nachts im Regen (»Happier Than Ever«), in einer leeren Mall ohne Tageslicht (»Therefore I Am«), statt

the first girls to attend euphoria high school

paris2000s © Instagram

Kristallen gibt es Pornografie zur Ablenkung (»Male Fantasy«). Das Album ruft ein anderes vergessenes Genre der frühen Nuller wach: den Pop Punk. Nach ihren Einflüssen gefragt, nennt Billie Eilish Britney Spears' »Baby One More Time«, hebt aber vor allem Avril Lavigne mit ihrem Debütalbum »Let Go« von 2002 hervor; was durchaus bemerkenswert ist, weil die beiden in den frühen Nullern gegeneinander ausgespielt worden sind, indem man Avril Lavigne als »anti-Britney« titulierte. Schnell fallen einige Parallelen zwischen Billie Eilish und Avril Lavigne auf: Das jugendliche Alter von 16 (Eilish) bzw. 17 Jahren (Lavigne) bei erster Platte und großem Erfolg, weite Klamotten, lange glatte Haare zu androgynen Looks, modische Versatzstücke aus Emo-Goth-Skate-Punk-Styles, die rotzige und zugleich verletzliche Selbstinszenierung. Wo Lorde noch ihre kindlichen Erinnerungen an das Popsommergefühl der frühen Nuller mobilisiert, verbindet Billie Eilish, Jahrgang 2001, zumindest keine generationelle Nostalgie mit dem Album Lavignes, das ein Jahr nach ihrer Geburt erschien. Und doch hat besonders ein Song darauf, der Eingangstrack »Losing Grip«, einen herausgehobenen Status, wie Eilish im Interview erklärt: »I've never heard a sound like that in my life. There is no other song like this. There's no other song. I'm telling you, this song does not get old. I was with all my homies two years ago and we would just scream this song wherever we went. God. Every time I hear that beginning, I'm like, ›Okay, let's get ready. Okay.‹«

Und tatsächlich ziehen sich Sedimente dieses Songs durch das neue Album Eilishs, was den Aufbau und das Texting der Stücke betrifft. In »Losing Grip« singt Lavigne: »Why should I care? / Cause you weren't there when I was scared / I was so alone«. In »Lost Cause« singt Eilish: »Like I don't really care right now, but maybe that's fine / You weren't even there that day / I was waiting on you«. Auf das verzweifelte Warten folgt in beiden Songs die wütende und darin ermächtigende Einsicht, allein zu sein, die Eilish im Song »Happier Than Ever« zur bombastischsten Abrechnung der jüngeren Popgeschichte ausbaut. Weil sich die spätjugendliche Verletzlichkeit besonders wirksam in schweren Rockgeschützen entlädt, muss sie in »Happier Than Ever« die konventionellen Pop-Punk-Grunge-Einlassungen verfremden, um daraus etwas Neues zu machen, und das gelingt mit übersteuerten Drums und absurd verzerrten Gitarren, die wie eine Naturkatastrophe klingen, im Video illustriert durch einen Orkan mit Starkregen.

Gemeinsam ist Billie Eilish und Lorde, wie selbstverständlich sie zwei unterschiedliche, aber gleichermaßen vergessene bis belächelte Nuller-Subgenres rehabilitieren und dabei in einen distinkten Gegenwartssound überführen. Avril Lavigne, die anders als viele der obengenannten Nuller-Acts nach über 20 Jahren immer noch aktiv und erfolgreich ist, gilt inzwischen als »Godmother of Pop Punk« (»The Forty-Five«), die neben Eilish auch vielen aktuellen Gen-Z-Popkünstlerinnen wie Olivia Rodrigo, Maggie Lindemann, Chloe Moriondo und WILLOW als erklärte Inspiration dient. Im Juli 2021 war sie zum ersten

Mal auf TikTok zu sehen, verkleidet als sie selbst vor zwanzig Jahren, wie sie ihre Lippen zu »Sk8er Boi« bewegt, im Hintergrund der inzwischen 53-jährige ›sk8er boi‹ Tony Hawk in Aktion auf der Halfpipe, mit Avril-Krawatte um den Hals. Lavigne war zu Beginn der Nuller Jahre eine der ersten Frauen, die sich im Mainstreampop im Genre Pop Punk durchsetzen konnte. Trotz seiner Popularität hatte es immer einen schlechten Ruf. Wenn man sich auch nur in der Nähe von Hardcore- und Punksubkulturen bewegte und herauskam, dass man heimlich Bands wie Blink-182, Green Day, Sum 41, Good Charlotte oder eben Avril Lavigne hörte, war es sofort vorbei, die Verachtung für solche Pseudos war größer als für alle Britney-Spears-Fans zusammen. Neben dem gängigen Sellout-Vorwurf lag dies auch daran, dass die Zielgruppe letztlich die gleiche war – teenage girls –, die sich im Fall der Pop-Punkerïnnen erdreistete, sich der gleichen Accessoires zu bedienen wie die ›echten‹ Punks und Skater, ohne – so die Unterstellung – das Geringste davon zu verstehen. Diese Haltung, die im halb-ironischen Slogan »Destroy Pop Punk« (»The Effort«) ihren Ausdruck findet, hat die Band Man Overboard vor einigen Jahren zur Abänderung der Botschaft in »Defend Pop Punk« veranlasst, die einem seither regelmäßig als T-Shirt-Aufdruck begegnet, etwa bei Finn McKenty vom YouTube-Kanal »Punkrock MBA«. Jene Verteidigung folgt einer ähnlichen Intuition wie Martin Büssers leidenschaftliches Plädoyer für den Emo – ebenfalls einer Subkultur der frühen Nuller mit teils ganz ähnlichem Sound wie dem Pop Punk, die vor allem für ihre Weichheit, Verletzlichkeit und Effeminiertheit gehasst wurde. Genau das hatte schon in den 80er Jahren den Twee als Gegenbewegung zum Männlichkeitspathos im Punk hervorgebracht – eine Spielart des Postpunk und Indie, deren Provokation gerade in ihrem Süß-, Brav- und Verträumtsein bestand.

Dass der Pop Punk in der aktuellen Popmusik ein großes Comeback erlebt, ist nicht zuletzt auch Travis Barker, dem Schlagzeuger von Blink-182, zu verdanken, der zahlreiche Produktionen von und Kollaborationen mit jüngeren (Machine Gun Kelly, Mod Sun) bis sehr jungen Künstlerïnnen (XJDN, Nascar Aloe), teils im Zwischenfeld von Pop Punk und Rap, realisiert. Ende 2021 hat er zusammen mit Avril Lavigne die Single »Bite Me« veröffentlicht, die an ihren frühen Stil anschließt, diesen aber mit dem typisch hymnischen Pop-Punk-Brett verknüpft, einem sehr cleanen Teppich aus verzerrten Gitarren und Barkers maximalistischem Schlagzeug. Ein YouTube-Kommentar zum Video wurde zu Recht fünfzehntausend Mal geliked: »Reminds me of 2002, getting home from school and watching MTV. Good vibes«. Er verweist auf eine Form der selbstreferentiellen Wiederverwertung, die im Modus des nostalgischen Rückblicks den Retrowert des eigenen Werks ausschöpft. Wenn Lavigne sagt »I'm excited to be 20 years in and still rocking!« (»The Forty-Five«), dann klingt das unausweichlich so, als würde sie bald in Rente gehen, dabei ist sie gerade mal 37. Noch offensiver wird diese Selbstkonservierung von Gwen Stefani betrieben, die die 2000er-Ästhetik zwischen Pop, Rock und Ska ebenfalls wesentlich mitgeprägt hat und regelmäßig auf den einschlägigen Throwback-Accounts auftaucht. Im Video zu ihrer Single »Let Me Reintroduce Myself« rekonstruiert sie all ihre ikonischen Outfits seit den späten 1980er Jahren noch einmal – wie Avril Lavigne vollständig ohne körperliche Alterserscheinungen – und singt: »Not a comeback, I'm recycling me / It's not a comeback, you feel that new energy«.

Jenes Selbstrecycling macht nur in einem Rezeptionskontext Sinn, in dem die Zitate verstanden werden und die Pop-Erinnerung erfolgreich in Gang setzen. In dieser Weise wird Pop über seine Alterungsprozesse erschlossen; in seiner notwendigen Spannung von Flüchtigkeit und Konservierung. Comebacks haben – und deshalb grenzt sich Stefani davon ab – oft etwas Trauriges an sich. Sie sind aber nicht zuletzt eine Reaktion auf entsprechende Forderungen von nostalgischen Fans, die den Stars rückmelden, dass es an der Zeit wäre. Im deutschsprachigen Kontext zeigt sich das derzeit nirgends so deutlich wie am kurzen Comeback der No Angels, die kürzlich zwanzig Jahre nach ihrer Gründung den Debütsong »Daylight in your Eyes« von 2002 in einer Jubiläumsversion neu aufgenommen haben. Dass man sich überhaupt noch an die No Angels erinnert, daran hat mit Sicherheit der erfolgreiche Nuller-Throwback-Account Galeria Arschgeweih einen Anteil. Die »Neigungsgruppe deutsche Popstars« bespielt ihre über eine halbe Million Follower mit Mem-Videos, in denen aus Castingsendungen bekannte Bands und Persönlichkeiten aus Reality-TV-Formaten zu sehen sind – neben den No Angels z.B. Monrose, Sarah Connor, Kader Loth, Naddel, Juliette Schoppmann und Jeanette Biedermann.

Vielleicht ist der Account so erfolgreich, weil die Clips einerseits von großer Albernheit geprägt sind und mit Variationen der immergleichen Scherze übers Saufen, den Fuckboy und den tristen Bürojob arbeiten, das aber mit so großer Feinfühligkeit und Treffsicherheit tun, dass sie erstaunlicherweise nie ermüden. Die Nullersensibilität funktioniert hier über eine Haltung, die die Betreiberinnen von Galeria Arschgeweih im Interview mit der »Vogue« folgendermaßen bestimmen: »Glamour, Contenance und eine spitze Zunge«. Ihre Herstellung lebt von der zwar humoristisch überdrehten, aber in gewisser Weise spürbar aufrichtigen – und darin postironischen – Identifikation mit Kader Loth und anderen. Im Interview heißt es programmatisch: »Diese allgemeine – und vielleicht auch sehr deutsche – Haltung, alles, was irgendwie Pop ist oder war, direkt mit ›Trash‹ gleichzusetzen, lehnen wir grundsätzlich ab [...]. Für uns sind die Popstars in unserem Insta-Feed kein ›Trash‹, sondern pures Gold.« Oder mit Susan Sontag gesprochen: »Camp is a tender feeling«. So treffen sich Galeria Arschgeweih, Lorde und Billie Eilish am Ende doch noch – vereint in emphatischer Nullersensibilität. ◆

MULTIMEDIA

REELS

Annekathrin Kohout

◆

Durch Reels, die Instagram-Videos mit einer Länge von 15, 30 oder höchstens 60 Sekunden, scrollt man sich nicht wie etwa durch den Feed, geschmeidig und in der jeweils eigenen Geschwindigkeit. Durch Reels muss man swipen, kurz und schwungvoll. Dieser kleine Mechanismus hat einen beachtlichen Effekt: Etwas gerät unmittelbarer ins Blickfeld, erscheint überraschender, taucht im besten Fall wie aus heiterem Himmel auf. Vielleicht, so die leise Hoffnung beim vertikalen Weiterswipen, verbirgt sich etwas völlig Unerwartetes hinter dem nächsten Reel. Oder dem danach. Bloß nicht noch ein »Bongo la, bongo cha cha cha«; oder wenigstens eine neue, originellere Variante. Und da ist sie auch schon. Zumindest ein bisschen lustiger, ein bisschen interessanter von der Komposition her, etwas besseres Playback; wobei, so besonders nun auch wieder nicht. Swipe. Bei der Rezeption des Reel-Feeds fällt die Neugier auf den nächsten Content mit der Abstumpfung angesichts immer gleicher Formate, Musikstücke, Gags oder Spiele auf seltsame Weise zusammen. Der von TikTok vertraute schwungvolle Swipe wirkt auf Instagram eher wie ein beifälliges Abwinken. Zumindest noch.

Man kann nicht über Reels auf Instagram schreiben, ohne auf dessen Vorlage, TikTok, einzugehen. In Zeitungsartikeln, Blogbeiträgen oder Threads wird nie versäumt, das Offensichtliche zu erwähnen: dass Instagram durch die Adaption des neuen, populären Formats seine zentrale Stellung in der Social-Media-Landschaft behaupten will – und zwar auf ähnliche Weise, wie es bereits zuvor durch die Übernahme der ursprünglich von Snapchat bekann-

ten Story-Funktion gelang. Was auf TikTok das leitgebende Format der App ist – kurze, meistens bearbeitete Videos – wird auf Instagram als Funktion neben anderen wie den Storys oder IGTV integriert.

Formal sieht das auf den ersten Blick nicht bahnbrechend, ja sogar wenig neu aus. Für Reels werden ähnliche Effekte und Filter verwendet, wie sie aus der Story-Funktion von Instagram bereits bekannt sind; auch Musik kann in den anderen Video-Funktionen hinterlegt werden. Mit dem Schnittwerkzeug, Beschleunigungstool und Timer sind zwar Gestaltungsmöglichkeiten hinzugekommen, diese wurden aber zumindest in der Anfangszeit der Funktion meinem Eindruck nach kaum in vollem Umfang ausgeschöpft. Vielmehr haben sowohl Influencerinnen als auch weniger ambitionierte Nutzerinnen der App die in den anderen Formaten etablierten Techniken auf ihre Reels übertragen, die damit wiederum ihrem Namen gerecht und gewissermaßen zu »Blooper Reels« – sprich: Outtakes – der für den Feed, die Story oder IGTV produzierten Inhalte wurden. Aus Werbebildern werden bewegte Werbebilder, aus lustigen Filter-Ausprobierbildern werden lustige Filter-Ausprobiervideos. Da Bewegtbilder im allgemeinen und Reels im Speziellen algorithmisch bevorzugt werden, entstehen sie momentan oftmals nicht aus der Lust am Format, sondern vielmehr aus der Notwendigkeit, seine Reichweite nicht zu verlieren.

Gestalterisch und inhaltlich ähneln einzelne Reels also stark den anderen Formaten. Auf dem Startseiten-Feed sind sie durch die Umgestaltung zur Vorschau und Einlassung in das typische quadratische Format zudem auf den ersten Blick kaum von anderen Bewegtbildern zu unterscheiden: Hier wie dort wird mit inszenierten Aufnahmen entweder für ein Produkt geworben und/oder man gibt Einblicke in die eigene Lebenswelt und/oder probiert spielerisch die von der Plattform vorgegebenen Effekte und Filter aus. Eben so, wie man es von den anderen Funktionen gewohnt ist. Ein mit TikTok vergleichbarer videotechnischer, choreografischer oder auch inhaltlicher Aufwand (insbesondere bei Sketchen o.ä.) ist (zumindest bislang) nur selten vorzufinden.

Das liegt aber nicht nur an einer gewissen Trägheit, die mit jeder Gewöhnung an eine neue Technologie verbunden ist. Auch die Fotografie imitierte bekanntlich in ihrer Anfangszeit aufwendig künstlerische Effekte und Kompositionen, obwohl sie bereits über ganz andere und vielfältigere Möglichkeiten verfügte. Nein, es liegt auch daran, dass das von TikTok übernommene Reels-Format nicht der ursprünglichen Bestimmung von Instagram entspricht.

Instagram ist fast schon zum Museum geworden, in und mit dem die verschiedenen Epochen Sozialer Medien nachvollzogen werden können. Es gibt eine mehr oder weniger statische Profilseite mit gespeicherten und archivierten Beiträgen, wie es in der Anfangszeit üblich war. Dann wurden vergängliche Formate (die Storys) integriert, die einst als Gegenbewegung zum ›Internet, das nichts vergisst‹ von Snapchat eingeführt wurden – auch, um im Digitalen etwas zu reproduzieren, das im Analogen selbstverständlich ist: Spontanität,

Begrenztheit, Instabilität. Da man die Möglichkeit der Archivierung aber keinesfalls aufgeben wollte, ruderte man zurück und führte die Möglichkeit der Speicherung wieder ein – nicht zuletzt, weil sich Content-Erstellerïnnen professionalisierten und bewahrenswerte Inhalte veröffentlichten. Ein weiterer neuer Bereich innerhalb der Plattform entstand. IGTV und Instagram Live sollten es schließlich ermöglichen, die Plattform bestenfalls nicht mehr verlassen zu müssen, sondern alle Inhalte direkt in der App zur Verfügung zu stellen.

Doch bei all diesen Übernahmen und damit einhergehenden Veränderungen blieb Instagram seiner ursprünglichen Bestimmung treu. Diese besteht darin, dass Nutzerïnnen soziales Kapital aufbauen, indem sie ihre Netzwerke vergrößern und die anderer einsehen können. Bis heute, Anfang 2022, dient Instagram vielen Menschen dazu, Kontakte zu knüpfen, zu pflegen, zu beobachten, mit ihnen anzugeben etc. Eugene Wei hat in seinem vielbeachteten Blogbeitrag »TikTok and the Sorting Hat« (August 2020) verschiedene Social-Media-Typen voneinander unterschieden. Der erste Typus verfolgt vordergründig einen konkreten Zweck: Auf Vinted werden Kleidungsstücke verkauft, auf Pinterest werden Ideen gesammelt, LinkedIn ist eine Berufsbörse etc. Der zweite hat sich vor allem der Unterhaltung verschrieben – wie zum Beispiel YouTube. Drittens gibt es Netzwerke, bei denen es hauptsächlich um soziale Interaktionen geht. Meistens verfolgen alle Netzwerke jeden dieser Zwecke, jedoch mit unterschiedlichen Schwerpunkten. Instagram ist – genauso wie Facebook und Twitter – derzeit eindeutig letzterem zuzuordnen. Das ist nicht nur durch die Architektur der Profilseiten entsprechend angelegt, in denen die Followerïnnen der anderen eingesehen und deren Netzwerke wiederum begutachtet werden können, sondern wird zudem durch den Instagram-Algorithmus begünstigt, der in den personalisierten Feed bringt, was den Mitgliedern des engeren bis erweiterten Netzwerks gefällt bzw. auf eine nicht immer nachvollziehbare Weise mit ihnen zu tun hat.

Dieser Schwerpunkt auf Soziale Netzwerke hat einige negative Effekte. Man ist zum Beispiel aus Rücksichtnahme auf verschiedene Personen nicht immer frei in der Erstellung von Content. Schon bei der Bildung eines Netzwerks können etwaige persönliche Verpflichtungen zum Folgen und Liken von Inhalten verleiten. Das mag wie eine Lappalie klingen, da jedoch der Algorithmus wesentlich auf den Kontakten beruht, wird einem mit wachsendem Netzwerk (was das wesentliche Ziel ist) auch eine wachsende Anzahl an Postings im Feed angezeigt, die bestenfalls das eigene Interesse nicht berühren, schlechtestenfalls Missmut bereiten. Freilich kann man jetzt einwenden, dass Vernetzung auf Instagram für viele Teil der beruflichen Realität ist – und das muss wahrlich nicht immer nur Spaß machen. Es führt aber notwendigerweise dazu, dass man die App dann ›in der Freizeit‹ verlassen möchte. Das wiederum ist das Todesurteil eines jeden Sozialen Netzwerks, bei denen alles daran hängt, die Nutzerïnnen auf ihrer Seite/in ihrer App zu halten.

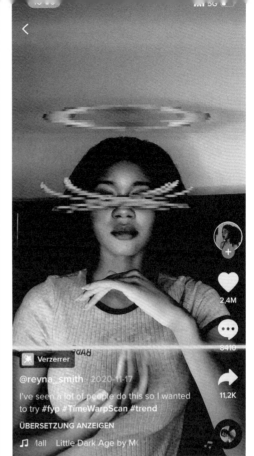

Die Etablierung von Reels soll vor diesem Hintergrund nicht nur eine weitere Möglichkeit bieten, schnell und einfach lustige kleine Videos zu machen. Reels sollen vielmehr zu einer Art Ferienangebot der App werden – ohne dass man sie dafür verlassen muss. Reels sind nämlich nicht eine bloße Funktion – wie Storys oder Live-Videos. Sie haben neben der Startseite und dem Shopping-Bereich einen eigenen Feed erhalten. Und dieser Feed reproduziert eine wichtige Ursache des TikTok-Erfolgs: dessen Algorithmus.

TikTok weist die genannten negativen Effekte des Netzwerkens nicht auf, da sein – wie Eugene Wei gezeigt hat – wahnsinnig effizienter Algorithmus nicht auf Interaktionen beruht, sondern ausschließlich auf den persönlichen Interessen, die beim Umgang mit gezeigten Inhalten gemessen werden. Mit enormer Geschwindigkeit lernt der Algorithmus die jeweiligen Bedürfnisse kennen. Da die Videos im Durchschnitt nur wenige Sekunden lang sind, werden viele in kurzer Zeit konsumiert und liefern eine entsprechende Menge an Trainingsdaten. Theoretisch muss man keiner Person folgen, um einen sehr guten personalisierten Feed zu erhalten. Nachteil dieser Variante ist natürlich, dass man sehr schnell nur noch Inhalte der gleichen Art angezeigt bekommt. Mein persönlich schönster Aufenthalt bei TikTok war, als ich die App zum ersten Mal öffnete und mir noch nie zuvor gesehene Videos aus den unterschiedlichsten Teilen der Welt angezeigt wurden. Das hielt allerdings nur etwa zehn Minuten vor, dann reduzierte sich die Bandbreite bereits stark. Man kann derart reaktionsschnelle Algorithmen zwar auch entsprechend feinsinnig ›irritieren‹, das bedarf allerdings einiger Überlegungen und damit eines gewissen Aufwands.

In dem an TikTok orientierten Reels-Feed auf Instagram fühlt es sich durch den ungewohnten Algorithmus hingegen so an, als sei man in einer anderen Welt. Doch der Reels-Feed hat mutmaßlich noch eine weitere Funktion. So soll eine ähnliche Eigendynamik aufkommen wie bislang nur bei TikTok. Diese Eigendynamik wird von einem Mechanismus angetrieben, den ich Instant-Memifikation nennen möchte. Waren Meme bislang überwiegend bildbasiert, kann bei TikTok aus jedem einzelnen Bestandteil eines Videos per Klick ein Mem werden: Aus der Audiospur – entweder wegen einer besonders pointierten Textzeile oder aufgrund der Stimmung des Liedes –, aus der Performance oder der Choreografie, aus einem Filter oder Effekt. Eine Nutzerin kann auch von vornherein auf Interaktion angelegte Fragen oder Challenges posten. Klickt man auf die jeweiligen Bestandteile, werden alle bisher vorhandenen Versionen angezeigt – einschließlich der Gesamtzahl.

Auf TikTok gibt es nicht nur zwischendurch mal vereinzelt ein Mem – die überwiegende Mehrheit der TikToks sind Abwandlungen von bestehenden Trends und Inhalten, die andere Nutzerinnen erstellt haben. Es gilt auch nicht als verwerflich, TikTokerin zu sein, die ausschließlich bereits bestehenden Content neu interpretiert. Viele auf der Plattform erreichen ihren ersten viralen Hit, indem sie ein bereits etabliertes Mem aufgreifen. Daher charakterisiert Eugene Wei die Plattform völlig zu Recht als »the most evolved meme ecosystem to date.« Denn Sie verkörpert in herausstechender Weise die Mashup- und Reaktionskultur der Sozialen Medien. Ja, die »Kultur der Digitalität«, wie sie Felix Stadler analysiert hat, in ihrer Referenzialität, Gemeinschaftlichkeit und Algorithmität, ihrer »hypermimetischen Logik« (Limor Shifman), gelangt in TikTok regelrecht zur Vollendung.

Zwar können auch bei Instagram-Reels Bestandteile eines Videos wie ein entsprechender Filter oder die zugrundeliegende Audiodatei per Klick zum Ausgangspunkt des eigenen Videos gemacht werden (und damit zur Memifikation beitragen), aber einige bei TikTok sehr beliebte Funktionen wie »Duett« (mit der man unmittelbar Reaction-Videos erstellen kann) oder »Stiches« (die es ermöglichen, Abschnitte aus den Videos anderer Nutzerïnnen sofort zu editieren und in das eigene Video zu integrieren) gibt es beispielsweise (noch) nicht. Während die Instant-Memifikation auf TikTok bereits eine Kultur der Kooperativität hervorgebracht hat, die über die reine Partizipation hinausgeht, ja in der Nutzerïnnen mit ihren eigenen Stimmen nicht nur einzeln und abstrakt in die der anderen einsteigen, sondern tatsächlich ein ›Duett‹ hervorbringen, bleibt Instagram derzeit noch alten Mustern verhaftet. Für viele dürfte der Reels-Feed mit Neil Postman gesprochen noch eine »Guckguck-Welt« sein, »in der mal dies, mal das in den Blick gerät und sogleich wieder verschwindet« (»Wir amüsieren uns zu Tode«, 1985). Meinem Eindruck nach sind auch die kreativen Interpretationen vorhandener Videos/Filter/Sounds bei TikTok stärker ausgeprägt, wohingegen die Instagram-Nutzerïnnen es tendenziell (noch) als beiläufigen Zeitvertreib verstehen und weniger künstlerisches Engagement für die Reels aufwenden. Zu sehr sind sie auch inhaltlich noch an den bislang vorherrschenden Standards und Diskursen der Plattform orientiert. »Let's deconstruct face filters« lautet etwa ein beliebtes Audio-Mem, die dazugehörigen Videos ›entlarven‹, was hundert Prozent der Instagram-Nutzerïnnen bereits wissen: dass Face-Filter nicht die körperliche Wirklichkeit darstellen. ◆

MARKETING

HIMMELFAHRTEN ODER DIE ZUKUNFT VERKAUFEN
Blue Origin, SpaceX, Virgin Galactic

Gunnar Schmidt

◆

KRATER VAN DE VESUVIUS, JAMES NASMYTH, 1864 © Rijksmuseum

Marken- und Produktversprechen beziehen ihre Legitimation und Überzeugungskraft aus entgegengesetzten Geschichtsorientierungen. Etablierte Marken ruhen schwerpunktmäßig auf Vergangenheit, die ihre Festlegungskräfte durch weithin bekannte Images, Erzählungen, Kundenbindungsrelationen bis hin zu nostalgischen Mythisierungen entfaltet. Das Verlässlichkeitskapital sinnvoll in sich stetig erneuernde Gegenwarten zu investieren, ist die Kunst der Kommunikations- und Produktentwickler. Dem stehen die Innovatoren und Disruptoren gegenüber, die Versprechungen auf eine Zukunft geben. Das noch nicht Erfahrene, nicht Eingelöste, im wahrsten Sinn nicht Begriffene muss unter dem Lichtschein des Modernitätsdogmas, dass es Fortschritt gebe und dieser zu einer Höherbildung des Lebens führe, ausgemalt werden.

Seit einiger Zeit agieren drei Unternehmen auf einem Terrain, wo ein Markt erst noch entstehen soll. Allen drei ist gemeinsam, dass sie nicht nur eine neue Dienstleistung, sondern eine neue Zukunft in Aussicht stellen. Allein die Unternehmensnamen liefern Sinnvorgaben zwischen Anmutung und visionärem Vorhaben, woraus ihr Stellenwert als Brennkern zu vermittelnder Überzeugungen erkennbar wird: Blue Origin, SpaceX, Virgin Galactic. Bekannter als diese drei Markennamen sind ihre Gründer: Jeff Bezos, Elon Musk, Richard Branson. Alle Akteure haben sich zum Ziel gesetzt, die Raumfahrt als touristisches Event zu vermarkten. Erste Flüge fanden unter sensationsanheizender Medienbegleitung statt. Was einst als Symbol des Wettlaufs zweier feindlicher Gesellschaftssysteme galt, hat sich zu einem kapitalistischen Wettbewerb umgebildet. Anstatt die Überlegenheit einer Weltanschauung zu demonstrieren, werden Kunden mit Erregungsangeboten gelockt.

Die kommunikative Begleitung dieser mit enormen Investitionen vorangetriebenen Eroberung des extraterrestrischen Raums kann auf den jeweiligen Websites mitverfolgt werden – und schnell wird man gewahr, welche Titanenaufgabe hier zu leisten ist. Eingekesselt zwischen zwei Wirklichkeiten stehen die Kommunikationsfachleute vor nicht unerheblichen Schwierigkeiten, verführerische, Aufschwung versprechende oder gar identitätsstiftende Erzählungen zu erfinden.

Die erste Wirklichkeit ist die des Diskurses über Raumfahrt. Der menschliche Aufbruch in die Wildbahn des Orbits fand erstmals am 12. April 1961 statt. In der 60-jährigen Geschichte wurde zweifelsohne der technisch-wissenschaftliche Fortschritt befördert; in gleichem Maße kam es zu Abschleifungen der Neuigkeitswerte und zu kritischen Reflexionen über die Sinnhaftigkeit der Unternehmungen. Neu sind vor allem die kapitalistisch organisierten Rahmenbedingungen, die es ermöglichen, auch untrainierte Menschen in den weltdistanzierenden Kreislauf zu bringen. Die Vertikalitätsreise, die einst dem risikofreudigen Tänzer auf dem Seil über dem unendlichen Abgrund Heldenstatus verlieh, hat sich im Selbstverständnis der Werber in ein demokratisches

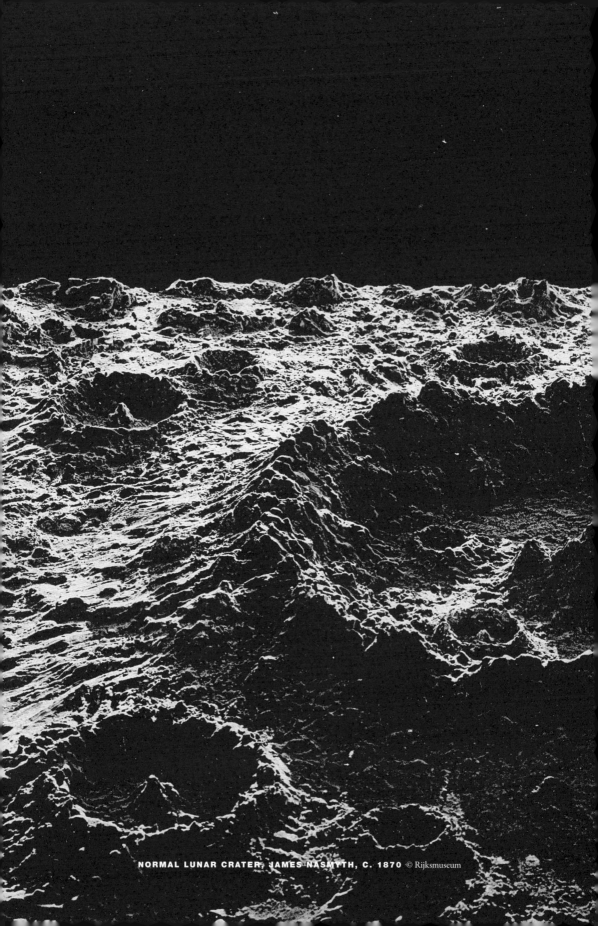

NORMAL LUNAR CRATER, JAMES NASMYTH, C. 1870 © Rijksmuseum

(»our drive to democratize space«, Virgin Galactic) und komfortables Amüsement verwandelt. Das hergebrachte Tourismusparadigma der Sehenswürdigkeit wird von SpaceX in einer Sprache vorgetragen, die einer Reisebroschüre des 19. Jahrhunderts entstammen könnte: »Experience Earth's wonders from space – from the Great Barrier Reef, Himalayas, Amazon River, and Giza's Pyramids by day, to the glow of city lights, lightning storms, and the Aurora Borealis by night.« Der hochgelegte Aussichtspunkt, bei dem niemand mehr an eine Gottesperspektive denkt, wird mit der alten Rhetorik der frühen Raumfahrer legitimiert, wonach man die Erde nun erst in ihrer wirklichen Schönheit und fragilen Perfektion erfahren könne: »The view of Earth is absolutely spectacular, and the feeling of looking back and seeing your planet as a planet is just an amazing feeling. It's a totally different perspective, and it makes you appreciate, actually, how fragile our existence is.«

Dieser Bedenklichkeit – »witness life-changing views of Earth« (Blue Origin) – haftet nicht nur etwas Altbackenes an, sie leugnet, dass Betrachtungen der Welt zwischen Erhabenheits- und Gefährdungsvorstellungen eine lange Tradition in der Moderne haben. Die als Spontanreaktion versprochene Umprogrammierung der Weltanschauung wird mit einer paradoxen Argumentationsfigur begründet: Intimität mit dem Planeten stellt sich erst aus größter Entfernung her: »The planet peers back at you through the ship's 17 windows as you see home for the first time.« (Virgin Galactic) Der globalisierte Heimatbegriff gehört ins Kitschrepertoire, mit dem die hochpreisige Spritztour zum Gefühlsevent erklärt wird. Die astronautische Rhetoriktradition des Erstaunt- und Ergriffenseins, die mit »overview effect« und »ultraview effect« begrifflich verallgemeinert wurde, bildet den Intertext der Werbung. Basierend auf dieser Vorlage können Uniqueness-Erfahrungen redekünstlerisch vorbereitet werden. Dem steht gegenüber, dass die frühen Delegationen im Orbit eine eindrückliche Ikonografie des Heimatplaneten an die Auftraggeber bereits übermittelt haben und inzwischen der Blick durchs Fenster mit Virtual-Reality-Technologie simuliert wird. Auch unabhängig von Repräsentationen des Erdblicks muss Zweifel angemeldet werden, ob sich zwischen Abreise und Rückkehr tatsächlich ein Bewusstseinswandel vollzieht; zu sehr sind wir der Rolle als Bodenpersonal verpflichtet, um an der Fernreise in die Luftleere utopischen Geist oder Vorstellungen einer Rückkehr aus versehrter Welt ins Paradies entwickeln zu können. Die Einschiffung ist keine nach Kythera, die eine befreite Geselligkeit beinhalten würde.

Neben der Diskursgrenze, die es fast unmöglich macht, das Neue sprachlich hervorzubringen, steht die Herausforderung, die weitere Zukunft ins Bild zu setzen. Dass die Möglichkeit eines psychogenen Weltanschauungs-Cleanings lediglich einigen Elitetouristen gegeben wird, wissen die drei Unternehmen und statten daher ihre Kommunikation mit Perspektiven für die fernere Zukunft des Planeten aus. Besonders die Rhetorik von Virgin Galactic bedient sich des

Topos vom Leben als generationsübergreifende Expansion. Im Video, das Richard Branson auf seinem Flug mit einigen Mitreisenden zeigt, sagt er folgende eingeübte Sätze: »I was once a child with a dream looking up to the sun. Now I am an adult in a space ship. [...] For the next generation of dreamers: If we can do this, just imagine what you can do.« Die Adressierung an die Jugend läuft als Grundton durch die ganze Webpräsentation, und man begreift, dass eine andere Jugend angesprochen werden soll als die, die den Freitag wörtlich nimmt, um an diesem Wochentag gegen den thermischen Kapitalismus zu protestieren. Die neualten Raumfahrer in ihren Verbrennungstransportern behaupten zwar einhellig, dass die technischen Entwicklungen nachhaltig und energieeffizient seien, was allerdings auf der Gewinnseite zu verbuchen ist, dürfte die Traumlosen nicht begeistern. Bransons Crew dementiert, was die hehren Worte verkünden, denn man sieht eine kleine Gruppe Erwachsener, die sich wie auf einem Kindergeburtstag oder einem Jahrmarktskarussell verhalten. Die wenigen Minuten der Schwerelosigkeit machen aus ihnen juchzende Euphoriker, die sich zu Kaspereien hinreißen lassen. Werben die Branson- und Bezos-Unternehmen einerseits mit der Erfahrung der Schwerelosigkeit, die nur wenig mit der Meditation über die Weltverfassung zu tun hat, wird im Gegenzug die Erlösung von allen Erdübeln und -beschränkungen postuliert. »Blue Origin was founded by Jeff Bezos with the vision of enabling a future where millions of people are living and working in space to benefit Earth. In order to preserve Earth, Blue Origin believes that humanity will need to expand, explore, find new energy and material resources, and move industries that stress Earth into space.«

Die Fortsetzung der Ressourcenausbeutungslogik regiert in gleicher Weise bei Elon Musk, der die Zivilisation bis zum Mars und »beyond« ausdehnen will: »And I can't think of anything more exciting than going out there and being among the stars.« Musk ist zugutezuhalten, dass er der einzige mit konkreten Versprechungen ist: Mit seinen Hochgeschwindigkeitsvehikeln sei es möglich, jeden Ort des Globus in weniger als einer halben Stunde zu erreichen. Die Marskolonialisierung sei vorstellbar, weil dort chemo-klimatische Bedingungen herrschten, die eine Bepflanzung erlaubten und somit der Planet mit einer Sauerstoffatmosphäre ausgestattet werden könne.

Die Freitagsprotestierenden werden wahrscheinlich in dem propagierten Zusammenspiel aus Excitement und Befreiung von der Erdschwere den Prozess vom »technisch Möglichen« zum »moralisch Unerlaubten« erkennen. Die »wiedersehensfroh gelandeten Heimkehrer« würden wohl, wie es sich Hans Blumenberg in einem kleinen Text über die Raumfahrt vorstellt, »vor das letzte noch amtierende Tribunal gestellt werden, das die unbelehrbaren Erfinder und Forscher abzustrafen [hätte].«

Eingebettet in umfangreiche Technoinformationen will sich beim Studium der Webtexte- und -bilder kein rechtes Vorstellungsbild von der visionierten

ASPECT OF AN ECLIPSE OF THE SUN BY THE EARTH, AS IT WOULD APPEAR AS SEEN FROM THE MOON, JAMES NASMYTH, C. 1870 © Rijksmuseum

Zukunft einstellen. Die Entgrenzungsfantasien der Entrepreneure stehen vorerst in stärkstem Kontrast zur Wirklichkeit der eingesperrten Existenz in Metallhüllen, die zu nicht mehr als dem Schauen aus dem Fenster und dem antigraven Erleichterungserlebnisses befähigen.

Man wird einwenden, dass Marketingtexte und Bilder nicht die Funktion haben, Komplexität, Widersprüche, Sachgenauigkeit sowie ausformulierte Zukunftsbilder zu vermitteln. Das ist zweifelsohne richtig. Ebenso ist es eine grundlegende Marketing-Einsicht, dass Zeitgeistkonformität und Relationierbarkeit mit Erfahrungswelten gegeben sein müssen, um Markterfolg wahrscheinlich zu machen.

Die Bildlosigkeit der Zukunft, die sich auf den Websites auch ikonografisch durch Leerstellen auszeichnet, erzeugt den Eindruck ideologischer Bequemlichkeit. Der werbekräftig verheißene Abflug ins bessere Leben basiert auf einem zutiefst konservativen Geist. Begründet im 18. Jahrhundert, redet dieser Geist weiterhin, was längst in Frage steht: dass der Gleichschritt von Technikentwicklung, Kapitalismus und Enthusiasmus identisch mit Fortschritt sei. Die Tatsache, dass in einem historischen Moment, in dem die Prognose der ultimativen Globalkatastrophe allgemeine Anerkennung findet, die hergebrachten Astronautenmythologien reaktiviert werden, könnte als Erleichterungsangebot wahrgenommen werden, denn zweifellos basiert kulturelles Schicksal nicht zuletzt auf Technik. Vertrauen mag sich allerdings nicht einstellen, wenn man die Botschaften des Unternehmergeistes, der zu enormen Organisationsleistungen fähig ist, in Gestalt von Headlines mit ungenauer Bedeutung empfängt: »Making Life Multiplanetary«, »Harnessing Space to inspire a Generation«, »building a road to space so our children can build the future«.

Die Konventionalität der Rhetorik erweist sich als Symptom ausbleibender Fantasie. Die Frage stellt sich allerdings, ob mit dieser Kritik nicht etwas verfehlt wird. Mögen die Appelle an die Jugend, sich für die Zukunft und das Weiter-so zu begeistern, einerseits schal wirken, so fällt andererseits auf, dass die Schar an Töchtern und Söhnen letztlich gar nicht die Zielgruppe ist. Hinter der Kommunikationsoberfläche läuft eine andere Adressierung: Die Selbststilisierung als erfolgreiche Wirtschaftsmenschen trägt Züge uramerikanischen Protestantismus, wonach das Gewinnstreben nicht Selbstzweck sein darf; das Kapital habe vielmehr »dem ›Nutzen‹ des Menschengeschlechts zu dienen«, wie Max Weber in »Die protestantische Ethik und der Geist des Kapitalismus« schreibt. Diese Orientierung strahlt nach innen, auf die Mitarbeiter, deren tägliche Arbeit von einer identitätsstiftenden Idee getragen wird. Die Aufbruchsimagination ist in gleicher Weise belangreich für Investoren und Regierungen, die Aufträge erteilen sollen. Das Gefühl, es mit Partnern zu tun zu haben, die an ihre Mission glauben, gehört zum Kalkül des Investments. Diese anderen Kunden sind zu nennen, denn die exorbitanten Investitionen mit hohem Risikopotenzial ließen sich mit dem kleinen Markt der Superreichen, die weder an einem multiplanetarischen Leben noch an einem Leben nach ihnen interessiert sind, nicht amortisieren.

Bezos, Musk und Branson, bewunderte und verachtete Popfiguren, treten in Videos wie Hoffnungsprediger auf, die mit hollywoodesker Pathosmusik ihre gewaltigen Geschosse als Erdretter preisen. Das Zusammenspiel aus Krisenbewusstsein und unschlagbarem Optimismus ist im Kern zynisch, da der Heimatplanet in seiner Endlichkeit von ihnen schon aufgeben ist. Am Ende sprechen die Marketing-Texte und -bilder zu niemandem außerhalb der kapitalistischen Sphäre der erweiterten Reproduktion. Gewiss, die Showiness erzeugt Aufmerksamkeit und Interesse, in der weiteren gesellschaftlichen Rezeption werden allerdings die beiden anderen Weichen zum Erfolg – Begehren nach dem Produkt und Akt des Kaufens – kaum eine Realisierung erfahren.

Weltunvollendetheit und Zukunftsblindheit sind den Raumanarchisten wohl letztlich egal. Der Glaube an eine hyperplanetarische Expansion hat seinen Grund wohl in der Rechtlosigkeit des Weltraums, wo der Verbrauchskapitalismus im Kleid des Futurismus seine eingeübten Grundhaltungen konserviert. Im Juli 2021 kreisten bereits 1.700 Starlink-Satelliten von SpaceX um die Erde. Derzeit ist die Rede davon, dass das Unternehmen insgesamt 20.000 Satelliten in den Umlauf bringen will, um einen weltweiten Internetzugang aufzubauen. Was menschendienlich erscheint, ist nichts weiter als ein technisches Netzwerk, dessen Dienste sich in Zukunft nur vermögende Nutzer leisten können. Fachleute sagen zudem eine nachhaltige Vermüllung mit Weltraumschrott voraus, die nicht nur das gesamte technische Ökosystem im Orbit gefährdet, sondern auch die Beobachtbarkeit des Kosmos durch Astronomen enorm erschwert.

Die Ausblendung von Wirklichkeitssegmenten einschließlich der doppelten Aussicht auf ein eher triviales wenn auch teures Vergnügen einerseits sowie eine unbekannte und wohlmögliche unwahrscheinliche Zukunft andererseits lassen die werberische Kommunikation aus der Welt fallen. Dass sie scheitert, besagt nichts über Erfolg oder Misserfolg der Projekte. Die Zeichen stehen neben dem Realen. ◆

POLITIK

SONNENBRILLE ALS »POLITISCHES INSTRUMENT«

Tom Holert

◆

Am 6. September des letzten Jahres, dem »labor day« 2021, besuchte der amerikanische Präsident Joe Biden das Local 313 der International Brotherhood of Electrical Workers im Städtchen New Castle im Bundesstaat Delaware. Er servierte dort unter anderem Sandwichs. Für Biden handelte es sich um ein Heimspiel im mehrfachen Sinne. Zum einen befindet sich sein privater Wohnsitz gleich um die Ecke, und von 1973 bis 2009 saß er für Delaware im Senat der Vereinigten Staaten. Zum anderen hat er sich über die Jahrzehnte einen Ruf als Freund der Gewerkschaften erworben – auch an diesem Tag wiederholte er eine Lieblingssentenz seiner Wahlkampfkampagne vom Vorjahr: »Die Mittelschicht hat Amerika gebaut – und Gewerkschaften haben die Mittelschicht gebaut«.

Die gegen Ende des 19. Jahrhunderts gegründete Gewerkschaft der Elektriker vertritt heute noch 750.000 Mitglieder, ein Gutteil davon jenseits der Pensionsgrenze, manche von ihnen leben und arbeiten außerhalb des Territoriums der Vereinigten Staaten, daher das »International« im Namen. Der andere Namensteil, »Brotherhood«, dürfte wörtlich zu nehmen sein. Die Profession des Elektrikers scheint weiterhin ziemlich fest in Männerhand. Darauf lassen auch die Bilder schließen, die bei Bidens Visite entstanden sind.

Ein Foto des AFP-Bildreporters Jim Watson macht allerdings stutzig. Denn wüsste man nichts über den Anlass und die beteiligten Personen, könnte der Eindruck entstehen, der Präsident, in Hose und Hemd den sonnigen Verhältnissen gemäß leger, aber auch etwas wehrlos gekleidet, stecke in großen Schwierigkeiten. Umringt von schwergewichtigen, überwiegend glatzköpfigen, weißen Männern in T-Shirts, die sich breitbeinig vor POTUS aufgebaut haben, scheint der Best Ager mit den dünnen Beinen einer ungemütlichen Konfrontation ausgesetzt zu sein. Das ist schon deshalb merkwürdig, weil er diesen Arbeitern eigentlich nichts als gute Nachrichten überbringen konnte. Erst kurz zuvor hatte Biden das gigantische »Bipartisan Infrastructure Framework« durch den Senat gebracht, Kernstück seines ehrgeizigen »Build Back Better«-Programms. Es wäre also durchaus eine Gelegenheit für Dankesadressen und Schulterklopfen. Stattdessen diese grimmigen Mienen.

Dem Bild bin ich zufällig beim Blättern in der Zeitung begegnet. Ich fragte mich, warum es so im Widerspruch zu der Photo Op zu stehen scheint, die es visualisieren soll. Und nach einer Weile dämmerte mir, woran es liegen musste: an den Sonnenbrillen.

Jeder der etwa zehn Männer auf diesem Foto (bis auf eine Ausnahme, wenn ich richtig sehe), hat dunkle Gläser im Gesicht, die den Blick auf/in die Augen versperren. Da bei dieser Outdoor-Gelegenheit im Sommer 2021 offenbar niemand eine ›Mund-Nasenbedeckung‹ tragen musste, ist die in diesen Zeiten allgegenwärtige, wenn auch viel diskutierte Gesichtsmaske gewissermaßen eine Etage höher gerutscht.

Die Männer von der Elektrikergewerkschaft favorisieren offenbar Sonnenbrillen mit eher kleinen Gläsern, die sich insgesamt der Kopfform anpassen, ja bei einigen wirken, als wären sie fest mit dem betreffenden kahlrasierten Schädel verwachsen. Dass sie jemals abgenommen würden – abwegig. Noch viel weniger verwundert, dass sie zu einem alles in allem abweisenden Gesamteindruck beitragen. Man kennt diese und ähnliche Brillen aus eher unangenehmen Situationen. Von Begegnungen mit – zumeist männlichen – Repräsentanten irgendeiner realen oder angemaßten Autorität, mit Polizisten, Türstehern, Rockern, Truckern, Gerüstbauern, Soldaten usw. Es gibt sie in unscheinbaren, aber eben auch in durchaus martialisch anmutenden Varianten, die das menschliche Antlitz zuverlässig in eine Indifferenz, wenn nicht Gewalt vermittelnde Fassade transformieren. Mitunter sind diese Brillen nicht nur sehr, sehr dunkel, sondern auch noch verspiegelt.

Und Biden? Tja, der Präsident ist seinerseits ein bekennender Sonnenbrillenfan. Und er trug auch an diesem Septembertag eine. Weshalb er mit den ihn Umringenden in Sachen Blickverbergung mithalten konnte. Aber er bevorzugt seit jeher einen anderen Typ, eine tropfenförmige Pilotenbrille, genauer: die Ray-Ban Aviator. Biden sagt von sich, er würde das gern »legendär« genannte Modell seit dem Sommer 1962 tragen. Damals war er 19, und er verbrachte seinen letzten Teenagersommer in Delaware, als Rettungsschwimmer im öffentlichen Prices Run-Schwimmbad, gelegen im Brown-Burton Winchester Park in Wilmington. Biden hat sich bewusst für diesen Ferienjob entschieden, weil er, der weiße Mittelschichtsjunge, die Nähe zur Schwarzen Bevölkerung suchte.

In seiner Autobiografie »Promises to Keep« von 2007 erinnert er sich, am Becken der einzige Weiße weit und breit gewesen zu sein. Unter diesen Umständen, zu einer Zeit, als die Bürgerrechtsbewegung bereits seit Jahren darum kämpfte, das Bewusstsein von Rassismus und Segregation in den Vereinigten Staaten zu fördern (und abzuschaffen), begann also Bidens Beziehung zur Aviator.

Im April 2014 eröffnete er seinen Instagram-Account. Der erste Post war eine Nahaufnahme einer Ray-Ban, fotografiert auf dem Schreibtisch des Mannes, der nun als Vizepräsident der Regierung Obama im Weißen Haus residierte. So viel herrschaftliches ›product placement‹ war selten. Anfang November 2016 gab sich eine Autorin der Website Mashable ganz hingerissen, wie Biden bei einem Wahlkampfauftritt in Tampa, Florida, unter freiem Himmel, von Applaus begleitet, seine Aviator zückte, um die Sonne aufzuhalten, als wäre das schon eine superheldenhafte Tat (»Joe Biden outshines the sun by putting on Ray-Bans«); und Biden, dessen Amtszeit als »VP« auslief, war ganz er selbst, als er es sich nicht nehmen ließ, den Moment noch etwas auszukosten: »I'm doing this because maybe when I need a job, Ray-Ban will give me a sponsor.«

Mitte Juni 2021, Biden war inzwischen Präsident der Vereinigten Staaten, bemühte sich eine Autorin des Ostschweizer »Tagblatts« um Einordnung: »Die Brille, die einst für Kampfpiloten im Zweiten Weltkrieg geschaffen wurde, ist quasi zu Bidens Markenzeichen geworden, und seit dessen Wahlkampf und Gewinn der US-Wahl erlebt sie in seinem Sog ein Revival.« Beim Staatsbesuch in der Schweiz, wo ihn Bundespräsident Guy Parmelin auf dem Rollfeld in Genf empfing, wählte Biden »eine Brille mit schwarzem Rand und dunkel getönten Gläsern, was diesem Modell in den kommenden Tagen und Wochen reissenden Absatz bescheren könnte. Bis dato setzte er nämlich vorwiegend auf eine goldene Umrandung.« Die Modeexpertin war jedenfalls überzeugt: »Egal, für welches Modell der Amerikaner sich jeweils entscheidet: Die Sonnenbrille lässt ihn modern, lässig, ja fast schon jugendlich wirken. Derweil Parmelin mit seiner biederen Sehbrille den Part des grauen Mäuserichs mimt.« Ray-Ban, das sei erwähnt, wirbt inzwischen auf der Website für das Modell Aviator RB 3025 9196/48 Polarised mit dem Satz: »As seen on Joe Biden«.

Im Sommer 2017, da war Biden nicht mehr Vizepräsident und noch nicht neuer Präsident, wurde das Sommerbad in Wilmington umgetauft. Es heißt seither Joseph R. Biden Jr. Aquatic Center. Der Namensgeber kam persönlich vorbei, ließ sich mit Schwarzen Kindern und Jugendlichen fotografieren (ohne Sonnenbrille) und nahm für die anwesenden Pressevertreter auf dem Bademeisterhochsitz am Beckenrand Platz.

Mir fällt es nun schwer, mich von dem Bild zu trennen, das die Vorstellung vom jugendlichen Biden in Badehose, mit der Aviator im Gesicht, im Sommer 1962 hervorruft – in dieser Umgebung, in der er der einzige weiße Bademeister war. Die Bürgerrechtsbewegung hatte zu Beginn und zum Ende dieses Jahres einige Erfolge zu verzeichnen. Im Februar 1962 schlossen sich die Schwarzen Organisationen NAACP, SNCC und CORE zum Council of Federated Organizations zusammen, ebenfalls im Februar urteilte der Oberste Gerichtshof, dass die Segregation öffentlicher Verkehrsmittel verfassungswidrig sei; im April veranlasste das Pentagon die volle ›racial integration‹ aller militärischen Reserveeinheiten (ausgenommen die Nationalgarde); und im November unterzeichnete Präsident Kennedy eine Verfügung, die Segregation in mit Bundesmitteln gefördertem Wohnungsbau verbot.

Aber es gab auch Rückschläge. In Baton Rouge saßen protestierende Studentinnen im Gefängnis, Martin Luther King wurde im Juli und August 1962 für über zwei Wochen eingesperrt, das FBI hörte bei führenden Schwarzen Aktivisten mit. In Georgia brannten zwei Schwarze Kirchen nieder, in denen Wahlregistrierungen vorgenommen wurden. Und an der University of Mississippi hinderte man James Meredith im September 1962 daran, sich als erster Schwarzer Student einzuschreiben; nach der Intervention eines Richters des Supreme Court zu seinen Gunsten brach ein ›white riot‹ aus.

Aus einem »Washington Post«-Artikel vom 16.09.2019 kann man erfahren, dass die Gegend um die Freizeitanlage in Wilmington 1962 mitten in einem demografischen Umbruch steckte. Schwarze Familien mussten wegen einer neuen Autobahn ihre Häuser verlassen und wurden in Sozialwohnungen umgesiedelt. Da die wenigsten dieser Unterkünfte über Klimaanlagen verfügten, wurde der Pool im Sommer zum Zentrum der Schwarzen Jugend, zu denen auch Nachbarschaftsgangs gehörten, die ihre Angelegenheiten mit Schlägereien oder Basketballspielen klärten.

Ein Mitglied dieser Gangs, ein gewisser Corn Pop, machte im Sommer 1962 durch jugendliche Überschusshandlungen auf den Sprungbrettern auf sich aufmerksam. Um Ordnung zu stiften, adressierte Biden ihn von seinem Hochsitz aus als »Esther Williams«. Corn Pop und seine Clique, die »Romans«, waren wenig erfreut über den Vergleich mit der weißen Hollywoodschauspielerin, die vor allem durch ihre Schwimmkünste bekannt war. Drohungen wurden laut, dass man mit ihm, dem Bademeister, schon noch abrechnen werde. Biden bewaffnete sich nach Dienstschluss mit einer Eisenkette, für alle Fälle. Aber statt sich zu prügeln, versöhnte man sich, denn Biden muss sich wohl entschuldigt haben.

In seiner Autobiografie, der diese Anekdote entstammt, berichtet Biden auch von den Geschichten, die ihm seine »Freunde am Pool« erzählt hätten: Jeden Tag, so erfuhr er, »black people got subtle and not-so-subtle reminders that they didn't quite belong in America.« Aber diese Geschichten, so Biden verständnisvoll (und subtil entpolitisierend), seien immer mehr von Verwirrung als von Zorn gezeichnet gewesen. Und weil die meisten der Leute, die er kennengelernt habe, »had literally never talked to a white person«, seien die Menschen zu ihm gekommen, mit einer Menge Fragen.

Ob ihm auch solche zu seiner Sonnenbrille gestellt wurden? War es einem Schwarzen Jugendlichen überhaupt mit der gleichen Selbstverständlichkeit möglich, eine Sonnenbrille zu tragen, wie einem weißen? Gab es Rollenmodelle, Musikerïnnen, Schauspielerïnnen, Politikerïnnen oder Hipster aus dem Viertel, die sich mit Sonnenbrille zeigten? Es gab sie. Einige wenige jedenfalls. Miles Davis auf dem Cover von »Round About Midnight« (1956); natürlich Ray Charles; auch der flamboyante Esquerita. Für das Jahr 1962 aber fehlen solche Bilder, zumindest soweit es die flüchtige Internetrecherche betrifft. Dafür lassen sich welche aus dem Sommer 1963 finden: Sidney Poitier als Homer Smith in »Lilies of the Field« und James Baldwin beim Civil Rights March in Washington, wo der Schriftsteller mehrfach mit Pilotenbrille, vielleicht war es sogar eine Ray Ban, fotografiert wurde, unter anderem Arm in Arm mit Marlon Brando. Letzterer wiederum gilt seit »The Wild One« (1953) als der Schauspieler, der die Ray Ban Aviator aus der Welt der Pilotïnnen und des Militärs in die Popkultur entführt hat. Der jugendliche weiße Rocker mit der Pilotenbrille – ein heimliches Rollenmodell für Biden?

1952 entstand eine Fotografie von Gordon Parks, aufgenommen im nächtlichen Harlem, die einen Schwarzen im Anzug, mit weißem Hut, Zigarette im Mundwinkel und dunkler Brille zeigt, der den Blick in die Kamera richtet. Das Bild stammt aus einer Serie von Fotografien, mit denen Parks Szenen aus »Invisible Man«, dem gerade veröffentlichten Roman seines Freundes Ralph Ellison, fotografisch nachempfunden hat. Parks' Fotoessay erschien unter dem Titel »A Man Becomes Invisible« im »LIFE Magazine« vom 25.08.1952.

Das Bild mit der Sonnenbrille fehlte hier allerdings. Dabei gilt die Sequenz in Ellisons »Invisible Man«, in der sich die Hauptfigur aus ihrer Kellerbehausung an die Oberfläche der Stadt begibt, nachdem sie sich mit einem weißen Hut und einer Sonnenbrille mit dunkelgrünen Gläsern ausgerüstet hat, als besonders wichtig. Der Ich-Erzähler berichtet, wie er das Paar in einer Kiste zwischen Haarnetzen, Gummihandschuhen und künstlichen Wimpern entdeckte: »They were of a green glass so dark that it appeared black, and I put them on immediately, plunging into blackness and moving outside.«

Die Brille und die mir ihr einhergehende Wahrnehmungsveränderung versetzen den Ich-Erzähler in Erregung. Er stellt fest, dass er von den Menschen, denen er begegnet, für einen anderen gehalten wird, für einen gewissen Rinehart oder »Rine, the rascal«, der wiederum eine Vielzahl von Identitäten auf sich zu vereinen scheint. Die epistemologische Schlussfolgerung: »It was unbelievable, but perhaps only the unbelievable could be believed. Perhaps the truth was always a lie.«

Ellisons Erzähler verstand: Was er eigentlich für eine Maskierung verwenden wollte, funktionierte ganz anders. Die Brille »had become a political instrument instead«. In ihrem Aufsatz »Sight Imagery in ›Invisible Man‹« argumentiert die Autorin Alice Bloch 1966, dass das Tragen der Sonnenbrille der Erzählerfigur, die sich zuvor in der Welt einer kommunistischen Sekte verloren hatte, zum ersten Mal ihre Identität als Schwarzer bewusst gemacht habe. Weil man ihn für Rinehart hält, dessen multiple Persönlichkeit – er ist zugleich Hipster und Priester – sich zum Stereotyp des »›universal‹ Negro« verdichte. Auf diese Weise, so Bloch, komme der Ich-Erzähler in Berührung mit allen Phasen des Schwarzen Lebens, die ihm bis dahin nur als Plattitüden bekannt waren. Die Sonnenbrille öffnet ihm die Augen für die Realität seiner Identität – und macht ihn damit erst recht »unsichtbar«.

Ob der junge Biden zehn Jahre nach Erscheinen von »Invisible Man« und dem Foto von Gordon Parks eine Ahnung davon hatte, welche Möglichkeiten und Risiken das Tragen einer Sonnenbrille für ihn, und noch viel mehr für seine Schwarzen »Freunde am Pool«, barg? Dass Bidens vermeintliche Coolness als präsidialer Dressman und Aviator-Werbefigur für andere, nicht-weiße Menschen auch ein Problem darstellen könnte, deutete sich zur Zeit des Wahlkampfs um das Präsidentenamt an. Weil der Name des Kandidaten in der American Sign Language (ASL) immer noch umständlich buchstabiert werden musste (B-I-D-E-N), begann man in der ›deaf community‹, ein bis dahin nicht existierendes Namenszeichen zu suchen – so wie es auch eines für Obama (eine zum »O« geformte Hand und nachfolgend ein zweites, bewegtes Handzeichen, das die wehende amerikanische Flagge hinter Obama repräsentiert) oder Trump (»Use your hand to emulate what might happen if a stiff wind came in contact with Trump's hair«) gibt. Unter den Vorschlägen für die gebärdensprachliche Abkürzung favorisierten Gehörlose zunächst ein C-förmiges Handzeichen, das unmittelbar auf die Ray-Ban Aviator anspielen soll, so sehr wurde Biden mit diesem Accessoire identifiziert. Allerdings rührte sich Widerstand, weil manchen die betreffende Gebärde zu sehr dem Zeichen für die Crips, der berüchtigten Westcoast-Gang, ähnelte. So teilte die TikTok-Influencerin Nakia Smith Anfang November 2020 (per Video und in ASL) mit: »Wir BIPOC sind überhaupt nicht einverstanden mit dem Zeichen [...] es fühlt sich für uns unsicher an.«

Hatte Biden nicht schon einmal Probleme mit einer Gang?   ◆

PRESSE

SONDERAUSGABEN – ZEITSCHRIFTEN

Anna Seidel

◆

Mit seinem »Grundgesetz als Magazin« bringt der Journalist Oliver Wurm 2018 die »Verfassung auf Hochglanz« (»FAZ«). Man könnte ihn, u.a. dank dieses Projekts, in dem er ganz ohne großes Verlagshaus im Rücken die Verfassung hübsch zum Schmökern inszeniert, auch als medialen Experimentalisten bezeichnen. Er hat jedenfalls einen Hang zu Sonderausgaben. 2011 sorgte seine ›verzeitschriftete‹ Version des »Neuen Testaments« für Aufsehen. 2021 ist es Angela Merkel, die er zum Finale ihrer Amtszeit glossy in Szene setzen will. Sein neuestes Magazin, für das er als Herausgeber und Chefredakteur in Personalunion zeichnet, fällt im Wust des großen Zeitschriftenangebots allerdings weitaus weniger auf als das biblische Magazin oder das hochglänzende Grundgesetz, das es vor vier Jahren nicht nur in die Auslagen und Schaufenster der Bahnhofsbuchhandlungen, sondern auch ins Feuilleton schaffte.

Dass »Die Kanzlerin«, so der schlichte Titel seiner aktuellen Sonderausgabe, weniger heraussticht aus dem breiten Angebot an immer neuen Zeitschriften, mag daran liegen, dass Wurms Ausgabe zum Ende der ›Ära Merkel‹ – anders als sein »Neues Testament« und das Verfassungstext-Projekt – kein singuläres Phänomen ist. Schon 2018 hatte die Kanzlerin (inzwischen) a. D. angekündigt, dass sie nach der laufenden Legislaturperiode für keine weitere Kandidatur zur Verfügung stehen würde. Die Redaktionen in Funk, Fernsehen und Print verfügten darum über eine gewisse Vorlaufzeit für ihre Best- und Worst-Ofs, ein News-Thema mit Ansage und Countdown sozusagen. So liegt »Die Kanzlerin« gleichberechtigt neben mehreren der anlassbezogenen Spin-Offs der Größeren und Großen. Das Magazin steht in direkter Konkurrenz u.a. zur »Focus Sonderedition Merkel 2021«, der »Spiegel Biografie 1/2021« und der »Super Illu«-Sonderausgabe zur Revue der scheidenden Bundeskanzlerin. Wenn man nicht gerade »Merkelcore«-Anhängerin ist, ein Begriff, den Matthias Warkus im »Philosophie Magazin« vorgeschlagen hat, genügt wohl genau eine der zahlreichen angebotenen Ausgaben. Sie wird vermutlich nach Vorliebe dessen gekauft, was das Muttermagazin seinen Käuferinnen verspricht. Die »Focus«-Fassung gönnt sich, wer sich zur ›Info-Elite‹ zählt, so hatte das Magazin mal seine Leserinnen charakterisiert; die »Super-Illu« kauft wohl eher, wem die Bilder von Merkel in Bayreuth-Pomp, mit Putin und Papageien eigentlich ausreichen.

Klar, für sein Gesetzestexte-Projekt hatte Wurm auch schon Konkurrenz: Wer das Grundgesetz einfach nur haben und/oder lesen will, kann schließlich auf die kostenlose Broschüre der Bundeszentrale für politische Bildung zurückgreifen. Diese Version ist allerdings »so sexy wie die Bedienungsanleitung eines Staubsaugers«, so jedenfalls Arno Orzessek, als er im »Deutschlandfunk« über den GG-Herausgeber und dessen Projekt glossiert. Das »Grundgesetz als Magazin« – mal was anderes, »[w]ichtiger denn je. Und schön zu lesen«, heißt es in der einseitigen Werbeanzeige, die Wurm für sein, für unser Grundgesetz auch noch einmal in »Die Kanzlerin« schaltet. Es muss aktuell gehalten werden, was mehr als siebzig Jahre nach Inkrafttreten und drei Jahre nach der zumindest potentiell ›sexy‹ Veröffentlichung zwar immer noch relevant, deswegen aber längst nicht permanent eine Nachricht oder einen prominent platzierten Werbeaufsteller wert ist. Was für die Anzeige vom »Grundgesetz als Magazin« in »Die Kanzlerin« gilt, ist übertragbar auf andere Sonderausgaben – irgendwann werden sie schließlich abgeräumt, müssen neuen Sonderausgaben weichen und sich anders bemühen, interessant zu bleiben.

Nun liegt im Jahr ihres Ausscheidens aus dem bundespolitischen Alltagsgeschäft Angela Merkel als Thema quasi auf der Straße, ist für alle auf dem Silbertablett serviert. »Die Kanzlerin« also – die Größeren und Großen lassen die letzten 16 Jahre noch einmal Revue passieren, bringen einschlägige Texte und Bilder, produziert von den hierfür einschlägigen Köpfen ihrer Redaktionen. Sie haben Personal und ein Archiv, auf das sie zurückgreifen können. Wurm dagegen, der mit seinem Medienbüro freier agieren muss, vielleicht auch: kann, wirbt Schreiberinnen an und Karikaturen ein. 16 profilierte Autorinnen schreiben zu 16 Themen: Die ZDF-Hauptstadtkorrespondentin Nicole Diekmann analysiert etwa Merkels Social-Media-Aktivitäten (mit Fokus auf die Merkel'sche Raute, was sonst?), die »Stern«-Reporterin Ulrike Posche schreibt über den Humor der Bundeskanzlerin und Humor-Typ Micky Beisenherz lässt sich über das Stichwort ›Mutti‹ aus. Das alles braucht freilich eine Weile, bis es zusammengetragen ist, zumal ohne ordnenden Redaktionsalltag: »Nun ist es zwar der letzte Rückblick, der an den Kiosk geht. Dafür jedoch der ausgeruhteste und vollständigste«, resümiert Wurm im Editorial. Mit der Superlativierung (von Absolutadjektiven) ist er nicht zurückhaltend, Klappern gehört schließlich zum Handwerk. »Der bunteste sowieso«, heißt es weiter zu seinem Take on Merkel. Was ordentlich mitklappert, sind die durchaus ins Auge stechenden Extras: Während das kleine Beiheft mit den dpa-Eilmeldungen zu Merkel vielleicht wirklich als »kleines Stück Zeitgeschichte« durchgeht, wie es Wurm im Vorwort vorschlägt, ist das Sticker-Sheet mit Illustrationen des markigen (und verkürzt in die Geschichte eingegangenen) Spruchs »Wir schaffen das« reinste Spielerei. Superlativ. Aber warum eigentlich nicht? Sowas reizt ja die Käferinnen des Wohlfühlmagazins »Flow« oder der Jugendzeitschrift »Bravo« auch immer wieder. Es ist ein Angebot, das Zurück zur Stickersammlung in Zeiten, in denen Sticker eigentlich völlig demokratisiert sind und immer von allen besessen und geteilt werden können (digital bei Telegram und Co., Voraussetzung: ein Smartphone). Braucht man nicht, aber ist möglicherweise schön zu haben. Irgendwie müssen sich schließlich auch die zehn Euro begründen lassen, die diese Merkel-Sonderausgabe im Verkauf kostet. Sie kommt weitestgehend ohne Werbeanzeigen aus. Eine Ausnahme ist, wie angedeutet, die Bewerbung eigener Produkte.

Das eint diese Sonderausgabe mit anderen Sonderausgaben zu anderen Schwerpunktthemen. Egal ob in »Wissen heute. Kultur« zu »Harry Potter«, im Untertitel beschrieben als »Der ultimative Guide zu allen Filmen«, oder in der »Collector's Edition« des »Hamburger Abendblatts« zum Fußball-Idol Uwe Seeler: Es findet sich kaum bis keine Werbung. Auch im Jahresrückblick der »Süddeutschen Zeitung« fallen die wenigen Werbeinhalte, die es dann doch ins Heft schaffen, eigentlich nicht weiter ins Gewicht. Kennt man die Münchener Tageszeitung auf Tageszeitungspapier, kommt diese (in dieser Form laut Webshop-Tags erste) Jahreschronik in Hochglanz daher. Abgesehen vom Mantel finden sich hier auf 194 reich bebilderten und farblich je nach Ressort abgesetzten Seiten gerade einmal zwei mit ganzseitigen Anzeigen externer Werbepartner*innen – eine Marketingabteilung ist im Impressum auch gar nicht erst ausgewiesen.

Praktisch jede Seite der Sonderausgaben wird gefüllt mit: Besonderem. So jedenfalls die Behauptung. Der Anspruch ist Universalität in freundlich konsumierbarer Form. Blättern in Illustrierten soll Spaß machen, Kurzweil versprechen. Illustrierte Sonderausgaben wollen die ›ultimativen Guides‹ sein zu Personen, Jahren, Bands oder Franchises – sind aber eben auch Zeitschriften, keine hochwertig in Leder gebundenen Weltchroniken mit Goldschnitt. Das Medium Zeitschrift mit seinem soften Cover und seinen flattrigen Seiten scheint da – bei allem superlativierten Geklappere – auch vor zu viel Anspruch zu schützen. In den Beispielen sind es vermeintlich abgeschlossene Phänomene, die auf den Heftseiten festgehalten werden. Uwe Seeler? Wird vermutlich nicht mehr für die deutsche Fußballnationalmannschaft auflaufen. Angela Merkels Kanzlerschaft? Im Winter 2021 vorbei. Das Jahr 2021? Auch. Resümierendes Innehalten bietet sich also an.

Was macht das Jahr 2021 aus? Laut »SZ«-Jahresrückblick sind es unter anderem Köpfe wie Annalena Baerbock, Joe Biden und Angela Merkel sowie Ereignisse wie die Corona-Pandemie und der letzte Bundeswehrflug aus Kabul zum umstrittenen Ende des Afghanistaneinsatzes. Dass die Redaktion wahrscheinlich schon ab Mitte des Jahres, noch mittendrin im einzuordnenden Geschehen, an den wichtigsten Ereignissen und Personen herumlaboriert – geschenkt! An der journalistisch-professionellen Einschätzung zu den wichtigen Themen wird sich vermutlich auch mit größerem historischem Abstand nicht viel ändern, wenn auch die High- und die Lowlights des letzten Jahres an Bedeutung verlieren werden, je größer das Vergleichsparadigma mit denen anderer Jahre wird. Das ist der Lauf der Dinge, daran ändert auch eine noch so ›schön zu lesende‹ Sonderausgabe nichts.

Als Zeitschrift ist sie ohnehin Schrift zur Zeit und kann nur überblicken, was sie eben überblicken kann. Ob sie dann wirklich im Regal landet und auch in zwanzig Jahren noch zur Hand genommen wird? Vermutlich hätte ein Buch mit ledrigem Einband und goldenem Schnitt da doch bessere Chancen. Sammelmappen finden sich im Webshop der »SZ« jedenfalls nicht. Überhaupt: So toll war das Jahr 2021 dann auch nicht, dass man es sich in Heftform in die Preziosensammlung stellen will, oder?

Anders ist das bei anderen Sonderausgaben, die sich unmittelbar an Fankulturen richten und die gern mal zu Jubiläen auf den Markt geworfen werden. Fans neigen ja ohnehin zum Sammeln – und zum Geldausgeben. Auch wenn heute längst nicht mehr jeder Schnipsel sorgsam aufbewahrt wird, ein Magazin wie »In der Welt von Harry Potter. Der ultimative Guide zu allen Filmen« wäre dann vielleicht doch des Aufbewahrens wert. »Über 20 Jahre Magie«, preist ein Goldsticker auf dem Cover den Inhalt an, »[m]it Erinnerungen & Geheimnissen der Stars!« Die Stars der Filmreihe blicken in ihren Rollen die potenziellen Käuferinnen an – oder knapp an ihnen vorbei, wenn die gemeinfreien, collagierbaren Bilder mit Blick in die Kamera schwieriger zu bekommen waren (so jedenfalls eine These).

Der Blick ins Heft offenbart kaum originär redaktionelle Inhalte und dürfte diese (Taschen-) Geldausgabe retrospektiv zu einer reuigen werden lassen. Das ganze Ding ist eine (schlechte) Übersetzung aus dem Englischen und kompiliert vor allem Zitate aus der Boulevardpresse mit solchen aus Bonus-Material, das den eingefleischten Potterheads wahrscheinlich eh bekannt ist. Zitat an Zitat, Anführungsstriche an Anführungsstriche – schön (und sammelwürdig) ist anders.

Gut, man sucht sich nicht unbedingt aus, wovon man Fan wird, aber die zehn Euro wären dann vielleicht doch besser in »Metallica. Das Sonderheft«

zu investieren gewesen. Es ist Nr. 34 der Reihe »Rock Classics«, die von der Redaktion des Magazins »Slam« betreut wird. Als »Rock Classic« according to »Slam« gelten neben Metallica die üblichen Verdächtigen (zum Beispiel AC/DC, Ramones, Black Sabbath), und auch deutschsprachige Acts listet das Wiener Magazin – Die Ärzte bekommen ihre Sonderausgabe vor den Toten Hosen. Verfasst sind die sachkundig-soliden Ausgaben jeweils in einer Ansprache, die die Fan-Gruppe abholen soll (und die nur ein bisschen unangenehm ist): Für Metallica »verneigen wir unsere Headbanger-Köpfe«.

Die »Slam«-Redaktion hatte sich selbst einst vom Fanzine (gegründet 1994) zum alle zwei Monate im Bahnhofsbuchhandel erscheinenden Magazin gemausert – laut Mediadaten mit einer Auflage von 30.000. Das Schreiben über Musik haben sie also von der Pike auf gelernt. Die Sonderausgabe soll alles abdecken: »Alle Alben. Hintergründe. Interviews«. Für knapp einhundert Seiten ist das sicher ein hehres Ziel, aber Scheitern sieht dann eben auch anders aus. Das Hochglanzheft zu Metallica ist wie die »Harry Potter«-Sonderausgabe mit einer Collage auf dem Deckblatt illustriert. Hier steckt aber eine bildredaktionelle Idee dahinter, denn zusammenmontiert werden die prägnanten Designs der einschlägigen Albumcover: »And Justice For All« meets »Master Of Puppets« meets »Ride The Lightning« meets »Kill'em All« meets ›das schwarze Album‹. Es scheint sich zu verkaufen. Im Vorwort ist von »der mittlerweile vierten und inhaltlich (unter anderem mit neuen Interviews) aktualisierten Auflage [des] Tributs« die Rede. Anders als mit Merkels Kanzlerschaft oder dem Jahr 2021 ist es mit Metallica noch nicht vorbei – da bedarf es doch noch der einen oder anderen Revision oder Ergänzung.

Die »Rock Classics« sind, wie ihre Geschwister, die ebenfalls von der »Slam«-Redaktion betreuten »Pop Classics« zu Acts wie ABBA, Prince und Elton John, mehr als ein oberflächlicher Wikipedia-Eintrag und weniger als die ausführliche Band-Biografie. Popkulturelles Allgemeinwissen wird in diesen Sonderausgaben optisch ansprechend aufbereitet und mit einem Nerdtum gemischt, dass beim nächsten Konzertbesuch für Smalltalk in der Straßenbahn oder in der Umbaupause zwischen Vorband und Main-Act taugt – oder während einer globalen Pandemie auf dem heimischen Sofa unterhält.

Was alle Sonderausgaben verbindet: Sie liegen nicht ewig wartend auf potenzielle Käuferinnen am Kiosk aus. Wenn der News-Wert sich abgenutzt hat, wird abgeräumt, und was aus den Augen ist, ist für gewöhnlich auch aus dem Sinn. »Slam« bewirbt seinen Backkatalog entsprechend immer wieder in den eigenen Outlets und online, regt dank der konsekutiven Durchnummerierung und mit Listen zur Vervollständigung der Reihe an: Die »Rock Classics« für den Zeitschriftensammelordner... gotta catch'em all, wenn schon nicht (mehr) am Bahnhof, dann eben im magazineigenen Webshop – oder, falls dem Mythos des Sammelobjekts Sonderausgabe unterstützend vergriffen: antiquarisch.

◆

ÖKONOMIE

POPULARITÄTSMESSUNGEN IN DER MUSIK

Klaus Nathaus

◆

Am 17. März 2021 rief die in Montreal ansässige Firma Hitlab den ersten internationalen Wettbewerb für »digital emerging artists« aus. Teilnehmerinnen und Teilnehmer aus der ganzen Welt hatten Gelegenheit, ihre Schöpfungen auf der Unternehmenswebseite hochzuladen und einer musikalischen DNA-Analyse (Digital Nuance Analysis) unterziehen zu lassen. Den Müttern und Vätern der Songs mit den besten Anlagen zum Bestseller stellte Hitlab erhöhte Sichtbarkeit in Aussicht, auf dass etablierte Musikfirmen sie unter ihre Fittiche nähmen.

Die Semantik von musikalischer DNA suggeriert Hits aus der Retorte, doch das eigentliche Ziel ist etwas bescheidener. Statt die Bestseller der Zukunft zu programmieren, will Hitlab mittels AI-gestützter Analyse von Content und Publikumsverhalten populäre Trends frühzeitig erfassen und somit Angebot und Nachfrage zusammenbringen, unter Vermeidung kostspieliger Flops. Die musikalische DNA-Analyse will Produktionsfirmen dabei helfen, neue Songs auf ihr Erfolgspotenzial hin zu bewerten, um »die Entdeckung von Talent und Fan-Engagement so intelligent und effizient wie möglich« zu gestalten, wie es im »mission statement« heißt.

Wie eine Reihe weiterer in den letzten zwei Jahrzehnten gegründeter Unternehmen begegnet Hitlab der Herausforderung ungewisser Nachfrage mit quantifizierender Forschung. Die Frage, welcher Song oder Act morgen das Publikum bewegen wird, Tickets oder Medien zu kaufen, ist so alt wie das moderne Musikgeschäft und zentral für Popkultur, sobald man sie von der Angebotsseite

DYSTOPIAN DISCO, 2021 © Mike Hindle

aus betrachtet. Kreative und deren Verleger, die gewissermaßen in Vorleistung gehen, wenn sie neue Titel auf die Bühne bringen oder den Tonträger bannen, haben diese Frage im Laufe der Zeit unterschiedlich beantwortet. Sie taten dies stets abhängig von der Position, von der aus sie den Markt beobachteten, sowie von eigenen ästhetischen Präferenzen und professionellen Interessen.

Die Anfänge der gegenwärtigen Musikwirtschaft liegen in den Jahrzehnten um 1900. Zu dieser Zeit bestand eine Strategie, sich zur Ungewissheit künftiger Nachfrage zu verhalten, darin, die Zahl der Veröffentlichungen zu erhöhen, neue Songs auf der Varietébühne zu promoten und bei Anzeichen zunehmender Popularität rasch Noten (das vorrangige Musikmedium der Zeit) zu drucken und zu verkaufen. Das ›song plugging‹ (wörtlich: das ›Stopfen‹ von Songs in die Verbreitungskanäle) sowie die enge Verzahnung von Songwriting, Musikbühne und Distribution waren zentrale Elemente dieser Vorgehensweise, bei der einer aus zweihundert Titeln einen substanziellen Profit einbrachte, während weniger als die Hälfte nicht einmal ihre Werbekosten einspielten.

Die andere Strategie, die langfristige Folgen haben würde, wurde in der noch jungen Tonträgerindustrie entwickelt und zielte darauf, ethnisch-national definierte Konsumentengruppen mit ebenso klassifizierter Musik zu versorgen. Anstatt also das Publikum mit Kunstmusik zu erziehen oder mit Gebrauchsmusik für Tanz, Teekränzchen oder Trauerfeier zu bedienen, produzierten Grammofonfirmen beispielsweise ›griechische‹ Musik für griechische Kundinnen oder ›schwarze‹ Musik für das mit dem Begriff ›race‹ bezeichnete Marktsegment.

Beide Strategien gründeten in der Erfahrung von Musikverlegern und Aufnahmeleitern, die eng mit den Kreativen zusammenarbeiteten und ihre Entscheidungen aus der performancenahen Praxis heraus trafen. Systematische Erhebungen der Nachfrage, wie Marktforscher sie üblicherweise anstellen, findet man für das frühe 20. Jahrhundert bloß in Ansätzen. Das änderte sich in den USA in den 1930er Jahren. Wichtigster Grund dafür war, dass das neue werbefinanzierte Radio seinen Sponsoren Indizien dafür liefern musste, dass das Zielpublikum, für dessen Aufmerksamkeit sie zahlten, tatsächlich das Programm verfolgte. Im Unterschied zum Varietétheater, wo die Leute Tickets kauften und applaudierten, war das Massenpublikum des Radios zeitlich und räumlich von der Performance getrennt. Das verschärfte die Ungewissheitsproblematik für Musikanbieter.

Eine auf das Radio spezialisierte Publikumsforschung machte sich die Lösung dieses Problems zur Aufgabe. Zählungen des Rundfunkeinsatzes von Songs wurden ab 1934 in der wöchentlich in »Billboard« erscheinenden Liste der »Songs With Most Radio Plugs« veröffentlicht. Das Branchenblatt bezog seine Daten exklusiv vom sog. Accurate Reporting Service, wie man zur Bekräftigung des Anspruchs auf Objektivität unterstrich.

Die Betonung von systematischer Exaktheit sollte auch den Manipulationsverdacht abwehren, der sich gegen die Liste der Radiohits richtete. Demnach ›überredeten‹ Musikverleger Rundfunkredakteure, ihre Songs möglichst häufig ins Programm zu nehmen und so zu einer guten Platzierung zu verhelfen. Weil die Liste der Radioeinsätze wiederum den Einkäuferinnen und Programmgestaltern in anderen Radiostationen, aber auch in Plattenfirmen oder im Einzelhandel zur Orientierung diente, stand einiges auf dem Spiel. In einer

Musikwirtschaft, in der (neben dem Tonfilm) das Radio die wichtigste Werbeplattform darstellte, waren ›radio plugs‹ die Leitwährung und ›payola‹ (heimliche Zahlungen für Rundfunkeinsätze) das unterminierende Insidergeschäft.

Um die Währung zu stabilisieren, wurde kontinuierlich an der Verfeinerung der Radio-Charts gearbeitet. Im Juni 1945 veröffentlichte »Billboard« erstmals den Peatman Audience Coverage and Trend Index (ACI), benannt nach dem Psychologieprofessor und Statistiker Dr. John Peatman, dessen akademische Referenzen der Hitliste Autorität verleihen sollten. Der Peatman-Index erhob den Anspruch, nicht bloß Radioeinsätze einzelner Songs zu zählen, sondern darüber hinaus auch noch deren Hörerschaft zu quantifizieren. Dies geschah vermittels Hochrechnungen, deren Formel bei der Einführung des Indexes noch ansatzweise erklärt, aber schon im selben Moment zum Verschwinden gebracht wurde. So titelte »Billboard« auftrumpfend, dass mit dem ACI erfasst würde, auf wie viele »actual ears« einzelne Songs träfen. Diese sachlich falsche Behauptung folgte nicht aus den Daten selbst, sondern war bestimmt durch die mathematische Formel, in die diese Zahlen eingegeben wurden. Die Annahmen über das Hörerverhalten, auf denen diese Formel gründete, wurden bewusst im Hintergrund gehalten.

Obwohl den Stakeholdern der um Radio und Tonfilm organisierten Musikindustrie der Konstruktionscharakter des Peatman-Indexes klar war, akzeptierten sie dessen Punktesystem als Leitwährung. Denn die Peatman-Liste bekräftigte, was man in diesen Kreisen bereits über das Publikum zu wissen meinte. Sie führte vorrangig Titel, in denen das Glück romantischer Liebe zwischen Mann und Frau besungen wurde, und belegte somit die Beliebtheit der Musik, welche die einflussreichsten Verleger und Songwriter in petto hatten. Der Peatman-Index ist ein Paradebeispiel dafür, wie Charts den Markt auf die Annahmen und Interessen dominanter Anbieter verengen können.

Andere Methoden der Popularitätsmessung wurden dabei bewusst ausgeblendet. Dies betraf vor allem den Ansatz, den Musikboxen-Aufsteller ab den späten 1930er Jahren entwickelten. Die Aufsteller versuchten, ihr eigenes Problem der ungewissen Nachfrage zu lösen, indem sie mit Zählwerken in den Automaten die Abspielhäufigkeit der platzierten Platten ermittelten und diese Zahlen in Form einer Liste in ihrer Branchenzeitschrift, der »Cash Box«, veröffentlichten. Mit wachsender Datenmenge wuchs das Selbstvertrauen der Aufsteller, die bald behaupteten, die Musikvorlieben ›normaler‹ Amerikaner am besten zu kennen. Denn Automatenaufsteller verfügten, so das Argument, anders als die Musikverleger und Bandleader, die im Rundfunk und in Hollywood die Musik machten, über keinerlei musikalisches Spezialwissen, das ihre Messung der musikalisch unverbildeten Mehrheitsnachfrage hätte verzerren können. Objektive Daten wurden den Vorurteilen der Kenner und Spezialisten gegenübergestellt und für überlegen erklärt, wenn es darum ging, den Leuten zu geben, was sie wollen.

In den 1940ern Jahren zeichneten zwei unterschiedliche Systeme der Popularitätsmessung zwei unterschiedliche Popmusik-Publika. Der Peatman-Index beschrieb eine Hörerschaft, die melodiösen Swing am heimischen Radio genoss und eher der städtischen Mittelschicht angehörte; die »Cash Box«-Charts projizierten ein weniger gebildetes Publikum, das in Kneipen und Cafés mit Kleingeld Aufnahmen abspielte, in denen es textlich und soundtechnisch gerne mal zur Sache ging. Offensichtlich spiegelten die beiden Listen nicht so sehr Mengen leibhaftiger Hörerinnen und Hörer als vielmehr unterschiedliche Rezeptionskontexte und soziale Vorurteile. Interessanterweise erhoben jedoch beide Systeme den Anspruch, die Wünsche des amerikanischen Popmusik-Publikums zu kennen. Messungen an einem bestimmten Punkt der Rezeption wurden also zum konstanten Publikumsgeschmack verabsolutiert und verallgemeinert. So dachten die Boxenaufsteller während des Aufschwungs der Schallplattenindustrie nach dem Krieg eine Zeit lang darüber nach, private Plattensammlungen auf dem Stand zu halten, da man ja am besten wisse, was ›normale‹ Leute hören wollten.

Mit dem Wachstum der Tonträgerindustrie nach dem Krieg gewannen die entsprechenden Verkaufscharts an Bedeutung in der Marktbeobachtung. In diesem Bereich ereignete sich die nächste große Innovation in der Popularitätsmessung, als Anfang der 1990er die Einführung des Barcodes erstmals die zeitnahe Ermittlung absoluter Verkaufszahlen von Tonträgern möglich machte. Nielsens SoundScan-System ersetzte 1991 die bis dahin übliche Befragung von Einzelhändlern mittels Fragebögen. Diese Formulare waren oft nur halbherzig ausgefüllt worden von einem Verkaufspersonal, in dem junge Männer mit einer Vorliebe für Rockmusik überproportional vertreten waren. Das Verfahren hatte den Verkaufscharts eine entsprechende Schlagseite gegeben. SoundScan brachte diesen ›bias‹ zum Vorschein, indem es Verkäufe registrierte, über die das rockaffine Tresenpersonal gerne die Nase gerümpft und in der Berichterstattung geflissentlich übersehen hatte.

Ein Resultat der neuen Messmethode war, dass Rock – das von der Kritik gestützte Genre für junge Intensivkäufer – Chartplätze verlor, während Country – Musik für Hinterwäldler und Ältere – in der Verkaufsliste stieg, von einem Tag auf den anderen. Das Beispiel SoundScan zeigt, dass Charts nicht zwangsläufig die dominante Marktwahrnehmung bestätigen, wie das beim Peatman-Index der Fall war, sondern auch unterbewertete Repertoires in den Suchscheinwerfer geraten können. Aufschlussreich ist ferner, wie Stakeholder in der Musikindustrie mit den neuen Daten umgingen. Obwohl den meisten klar gewesen sein dürfte, dass der Aufschwung von Countrymusik einem Messeffekt geschuldet war, wurden die neuen SoundScan-Charts als Beleg für eine von einem plötzlichen Bedarf ausgelöste Country-Welle herangezogen und so für das Marketing nutzbar gemacht.

So wie Rundfunk, Jukeboxen und Einzelhandel Bedarf und Möglichkeiten für die systematische Publikumsbeobachtung geschaffen hatten, generierte ab der Jahrtausendwende das Internet Rohdaten für neue Popularitätsmessungen. Bereits im Jahr 2000 begann BigChampagne, den Verkehr auf musikalischen Filesharing-Plattformen zu verfolgen. Das Unternehmen wurde 2011 von Live Nation aufgekauft. Eine Reihe weiterer ›start-ups‹ der 2000er Jahre nahm dieselbe Entwicklung. Das 2005 am MIT Media Lab entstandene Echo Nest ging 2014 an Spotify. Next Big Sound, 2008 an der Northwestern University vom 22-jährigen späteren Unternehmensberater Alex White aus der Taufe gehoben, wurde 2015 von Pandora erworben. Im selben Jahr übernahm Apple mit Semetric die Entwickler des Musicmetric-Tools für die hauseigene Musikdatenanalyse. Die Warner Music Group verleibte sich 2018 die Musikdaten-Analysten von Sodatone ein, um »die Superstars von morgen« zu identifizieren. Zuletzt kaufte sich Ende 2020 der chinesische Unterhaltungskonzern Tencent bei Instrumental ein, das datengestützt und mit Hilfe von künstlicher Intelligenz neue Acts auf ihr Erfolgspotenzial hin bewertet.

Einige Analysefirmen entstanden aus der Musikindustrie heraus, während andere von Spezialisten aus dem IT-Bereich gestartet wurden. Zwei 2015 gegründete, derzeit noch unabhängige Unternehmen im Feld der Datenanalyse veranschaulichen dies: Soundcharts wird von David Weiszfeld geleitet, vormals Manager bei Universal France und Gründer einer Künstlermanagement-Firma, Chartmetric vom Software-Ingenieur Sung Cho. Während Weiszfeld vom Datenbedarf der Musikindustrie ausging, richtete Cho, der beim Softwareunternehmen Oracle in Silicon Valley gearbeitet hatte, eher zufällig seine Aufmerksamkeit auf die Musik als Anwendungsfeld für Datenanalyse.

Anders als in der Hochzeit des Radios gibt es im Netz (noch) keine ›Leitwährung‹ der Popularität. Daten werden auf mehreren Ebenen erhoben, wobei Aktivitäten auf den Musikplattformen Spotify, YouTube, Apple Music und SoundCloud sowie in sozialen Medien wie Instagram, Twitter, TikTok und Facebook im Vordergrund stehen. Aber auch die Nutzung von Shazam, Ticket-Verkäufe oder die Analyse musikalischer Komponenten können in die Bewertung von Acts und Titeln einbezogen werden. Entscheidend ist dabei jeweils die Gewichtung der unterschiedlichen Variablen, d.h. der Algorithmus und die Annahmen, die der gewählten Formel zugrunde liegen. Schon aus diesem Grund wird sich die Suche nach erfolgversprechenden Acts nicht vollständig vom ›Bauchgefühl‹ emanzipieren, das die Entwicklung von ›artists and repertoires‹ (A&R) stets gekennzeichnet hatte.

Jenseits von Unterschieden der Algorithmen, die von den Analysten als Geschäftsgeheimnis gehütet werden, zeichnen sich einige generelle Auswirkungen der neuen Popularitätsmessung auf das popmusikalische Feld ab. Dazu gehört zunächst einmal der wachsende Zulauf von Datenspezialisten und deren spezifischem Wissen in musikproduzierenden Unternehmen, in deren Stellenbeschreibungen für A&R-Personal Kenntnisse in Statistik und Modellbildung mittlerweile üblich sind. Diese Präsenz beeinflusst Repertoireentscheidungen, selbst wenn man die Datenanalyse auf die Vorauswahl von Neuerscheinungen begrenzt. Denn das ›Bauchgefühl‹, ein nebulöser Begriff für eine Mischung aus Geschmack und Spekulation, wird sich vor der neuen Systematik rechtfertigen müssen. Eingebung kann quantitative Daten zur Unterstützung einer Wahl heranziehen, doch ignorieren kann sie sie nur schwer.

Datengestützte Popularitätsmessung hat ferner Konsequenzen für die Stellung von Fans und Musikkritik im Feld. Weil nun nicht mehr nur Verkäufe und Hörerzahlen quantifiziert werden, sondern auch der ›buzz‹ gemessen wird, der um eine Künstlerin oder einen Künstler entsteht, spielt die Mobilisierung von Fans eine wachsende Rolle bei der Bewertung neuer Acts. Kritikerinnen und Kritiker, auf die das A&R-Personal früher oft als Trendsetter geschaut hatte, haben demgegenüber gewaltig an Einfluss verloren. Durch den Wegfall dieser ›gatekeeper‹ kann einerseits Musik in den Fokus gelangen, für die uns die Worte fehlen. Andererseits war es Aufgabe der Kritik, neue Begriffe für Musik zu finden, sie zu klassifizieren und ästhetisch zu bewerten. Wer diese Aufgabe in Zukunft übernimmt oder ob sie überhaupt noch von breiterem Interesse sein wird, wird man sehen.

Im Hinblick auf die Frage, ob sich unter dem neuen Regime der Popularitätsmessung der Blick verengt oder erweitert, zeichnen sich zwei Tendenzen ab. Auf der einen Seite stärkt die neue Methode der Popularitätsmessung die Dominanz globaler Superstars à la Ariana Grande mehr als zuvor. Bewegungen an der Spitze der Beliebtheitsskala werden seltener. Auf der anderen Seite geht die Beobachtung von YouTube, Spotify und TikTok über die nationalen Grenzen hinweg, welche Massenmedien und Musikkritik gezogen hatten. Neue Trends können nun auf der ganzen Welt ihren Ausgang nehmen. So geraten statt nationaler Märkte nun u.a. ›trigger cities‹ als Epizentren in den Fokus. Diese liegen nicht mehr notwendig in Nordamerika und Westeuropa, den traditionellen Zentren der Musikwirtschaft.

Die alte Frage, welche Musik das Publikum morgen kaufen wird, wird sich auch mit den Mittel künstlicher Intelligenz nicht zuverlässig beantworten lassen. Angesichts von 40.000 Titeln, die jeden Tag auf Spotify hochgeladen werden, kommt der Publikumserfolg weiterhin einem Wunder gleich. Dass ein Unternehmen wie Hitlab in der Lage ist, per musikalischer DNA-Analyse ein solches vorauszusagen, ist mit Blick auf die lange Geschichte der Popularitätsmessung und der Praxis, vorrangig Ausschuss zu produzieren, eher unwahrscheinlich. Ominös deutet der Siegertitel in Hitlabs Wettbewerb in die Richtung des Glaubens statt des Wissens. Auf Platz Eins landete mit einer Punktwertung von 94,60 die Wisemen Crew mit ihrem Song »Wonder«. ◆

TV

DIE QUIZSHOW

Thomas Hecken

◆

Die Idee, ein Quiz im Fernsehen zu veranstalten, liegt nicht auf der Hand. Im Alltag stellt man kaum Wissensfragen, die über den Nahbereich hinausgehen. Konfrontiert wird man mit ihnen überwiegend in schulischen oder universitären Prüfungen und in der Berufsausbildung. Freiwillig setzt sich kaum jemand gerne diesen Situationen aus, es sei denn, er steht auf der anderen Seite, die ihn mit der Macht ausstattet, die Fragen zu stellen und über die Richtigkeit der Antworten zu befinden. Zu den ersten Quizshows im US-amerikanischen Radio gehörten denn auch Sendungen, in denen die Situation verkehrt wurde: Die Zuhörer bekamen Geld dafür, wenn sie eine Frage stellten, die von den Experten nicht beantwortet werden konnte. Eine Sendung hieß »Professor Quiz« (1936-1948, erst bei CBS, später bei ABC), der Star der Sendung Dr. Craig Earl. Der Abstand zum schulischen Ernst wird durch die amüsante Anmaßung des Showbusiness, es verfüge über Titelrecht und einen eigenen Quizprofessor, stark vergrößert. Die wohl vom Sender ungeahnte Pointe, dass Dr. Earl nicht einmal über einen Universitätsabschluss (nur über ein abgebrochenes Theologie-Studium) verfügte und seinen alten Namen aufgegeben hatte, um ein neues Leben zu beginnen, fügt sich bestens ein. Nach einigen Jahren wurde aufgedeckt, dass es sich um einen Arthur Earl Baird handele, der eine neue Identität angenommen habe, um keine Unterhaltszahlungen an seine frühere Frau zahlen zu müssen. So zumindest steht es in den öffentlich zugänglichen Quellen, die in der Gegenwart das Wissen über den schillernden Prof. Dr. Quiz darstellen.

Haben die Menschen vor uns nur gelebt, um Stoff für solche Anekdoten zu liefern? Angesicht der mittlerweile unzähligen Quizformate darf man ergänzen: Sie haben ebenfalls gelebt, um zu Fragegegenständen für Prüfungen aller Art zu werden. Dieser Stoff reicht aber nicht aus. Neben der Frageform ist in dem frühen Quiz bereits die Geldzahlung Teil der Show. Sie bildet auch den entscheidenden Faktor, um die Radiosendung von der Herausforderung und zugleich Feier des Prüfungsberechtigten – des Professors, des Experten, des Gebildeten – zu lösen. Die Antwort, weshalb man sich freiwillig einer Examination aussetzen sollte, die einem nicht ein für die berufliche Laufbahn möglicherweise wichtiges Zertifikat einbringt, lautet: um Geld zu gewinnen. Dem Antrieb allein, sein eigenes laienhaftes Wissen öffentlich unter Beweis stellen zu wollen, wird offenbar von den Organisatoren der Sendungen misstraut.

Geld dürfte auch eine weitere Rolle bei der Ausstrahlung gespielt haben: Die Sendungen können kostengünstig produziert werden. Ein Problem der Radio-Show liegt darin, über wichtige Bestandteile der Revue nicht zu verfügen, bloß über Musik und gesprochene Texte; Akrobatik, Tiere, Tänze, Clowns, Halbnackte, Filmclips, aufwendige Kostüme, die u.a. die Bühnenshows der 1920er und 1930er Jahre bestimmen, fallen notwendigerweise weg. Die Lösung spart aber grundsätzlich viel Geld: Alle Attraktionen der Welt sind über das Wort zugänglich. Teils schon die Frage, sodann die richtige Antwort ruft sie herbei: historische Dramen, exotische Orte, berühmte Persönlichkeiten, eigenartige Kreaturen, sensationelle Begebenheiten – Acapulco, Kobra, Rasputin, Elektrizität, Romeo und Julia – das ist richtig, 25 Dollar!

Darum ist es bemerkenswert, dass die Quizshow auch Teil des Fernsehprogramms wird, wenn dank der neuen massenmedialen Technologie alle Formen der Revue jederzeit wieder sichtbar zur Verfügung stehen. Nicht einmal eine Spezialisierung auf Sex-and-Crime-Themen findet im TV-Fragespiel statt, ein Beweis der Unbedenklichkeit der Massenunterhaltung. Das Quiz bleibt unverändert dezent, wenn auch nicht bildungsbeflissen. Verschwunden sind ebenfalls Sendungen wie »Spelling Bee«, die mit ihren Rechtschreibfragen teilweise an das etwas ältere Kreuzworträtsel anschlossen und daran erinnerten, dass all die Worte, welche die Welt bedeuten, aus ein paar Handvoll Buchstaben bestehen.

Dank des ungeheuren Erfolgs des Fernsehens steigen mit den Produktionskosten auch die Möglichkeiten, die Gewinne der Teilnehmer zu erhöhen. Vorläufiger Höhepunkt: »The $64.000 Question« (1956-58, CBS). Die Summe verdoppelte sich ungefähr von Runde zu Runde: Für die erste richtige Antwort 64, für die letzte 64.000 Dollar; nach gewonnenen 512 Dollar (Runde 4) mit der Gefahr, nach einer falschen Antwort die zuvor eingespielte Summe zu verlieren (vorletzte Runde: 32.000 Dollar). Nach Runde 7 (4.000 Dollar) gab es immerhin beim Geldverlust als Trostpreis einen neuen Cadillac. Das Risiko musste man aber nicht in Kauf nehmen, sondern konnte auf jeder Gewinnstufe aus dem Quiz aussteigen. Bereits nach gut zwei Jahren wurde die Sendung eingestellt, weil Ermittlungen liefen, ob es bei verschiedenen Shows zu Absprachen zwischen Produzenten und Teilnehmern gekommen war.

Bis dahin konnte sich »The $64.000 Question« mitunter an die Spitze der Einschaltquoten setzen, eine Art TV-Beweis für die These, dass die Mitratenden zu Hause vor dem Bildschirm eine größere Spannung verspüren, wenn es um hohe Summen geht – obwohl sie diese selbst gar nicht erlangen können. Bleibt nur die Frage, ob das Zuschauerinteresse sich stärker der Hoffnung verdankte, der Kandidat könnte siegen oder scheitern.

Die bis heute auf einigen Sendern weltweit laufende Show »Who Wants to Be a Millionaire?« (Debüt in Großbritannien bei ITV 1998, Übernahmen des Formats in über 150 Ländern) nimmt die Hochpreis-Idee wieder auf. Legt man die Kaufkraft zugrunde, ist die Summe nicht weit von der aus »The $64.000 Question« entfernt. Andere Versuche, das einfache Ratespiel interessant zu gestalten, sind höchstwahrscheinlich noch reicher an Zahl als die Lizenzen des mehrjährigen »Millionaire«-Marktführers: kurze Ratefristen, spezielle Kategorien, Teams, Gegnerschaften, Raten gegen Experten, Kinder-Quiz, Prominenten-Quiz, Quizmaster raten selbst usw. Beinahe alle Show-Produzenten teilen hingegen die Überzeugung, das Quiz müsse in einem technologisch avancierten, am besten futuristischen, zumindest sterilen Studio stattfinden. Die Angst, man könne in die Nähe der Prüfungssituation aus der Schule geraten, scheint also doch vorhanden zu sein; wenn schon die Struktur übernommen wird, soll wenigstens rein gar nichts an Schulräume erinnern.

Stärker wird der Bruch mit der Schule, mit der Autorität des Fragestellers und Beurteilers der Antworten aber erst vollzogen, wenn das Quiz nach Phänomenen fragt, die nirgendwo zum Wissensschatz gerechnet werden, weder in der Uni noch einer Jugendszene. Das Quiz dient dann dazu, abseitige und/oder lustige Dinge und Ereignisse zu benennen und in den meisten Fällen auch zu präsentieren. So wird es wieder zum Varieté, in der Gegenwart selbstverständlich nicht zu einer Bühnenschau, sondern zu einer Ansammlung von Social-Media-bewährten Videos, zu einer ›Best-of-Timeline‹, deren Elemente im Zuge von Frage-Antwort-Spielen aufeinander folgen.

Sogar »2021 – Das Quiz«, mit Moderator Frank Plasberg, einem ›Garanten öffentlich-rechtlicher Diskussionskultur und kritischen Journalismus‹, reiht sich hier ein, das vergangene Jahr kann man so als Ansammlung von Skurrilitäten Revue passieren lassen. Frage: »Bei einem Jagdausflug in den Bergen Wyomings stieß der US-Amerikaner Dylan Schilt auf a) einen Elch auf Skiern, b) ein Eichhörnchen im Röckchen, c) ein Schneemobil mit einem Murmeltier am Steuer, d) eine Kamera mit dem Selfie-Video eines Bären«. Antwort: d) – gezeigt wird eine Aufnahme, die ein Bär ausgelöst hat, als er den Gegenstand in die Klauen bekam. Ganz ohne politischen Bezug kommt die Sendung aber letztlich nicht aus, Videos mit kleinen, amüsanten Verse-

Wer stiehlt mir die Show? © ProSieben

hen von Regierenden sind natürlich auch aufzutreiben. Wenigstens die Betitelungen sorgen hier für den üblichen öffentlich-rechtlichen Tenor: Boris Johnson (dem etwas stärkerer Wind bei der »Einweihung des nationalen Polizeidenkmals« ein paar Probleme mit seinem Schirm bereitet) kommt in der Rubrik »Lacher des Jahres« vor, Angela Merkel (die Schwierigkeiten hat, beim »Empfang der Ehrendoktorwürde an der Johns-Hopkins-Universität« eine Schärpe umzulegen) in »Menschen des Jahres«, soviel Parteilichkeit muss in der ARD dann doch sein.

Wenn sie nicht rein albern ist (wie in dem Eichhörnchen- und Murmeltier-Beispiel aus dem Jahresquiz), trägt die Variante, der Frage gleich vier Antwortmöglichkeiten zuzuordnen, einiges zur Attraktivität der Shows bei. Wenn man die Antwort nicht weiß – und wer kennt schon alle Wikipedia-Artikel mit ihren Abermilliarden an Informationen auswendig –, bleibt der für Kandidaten wie Zuschauer viel interessantere Weg, sie sich einigermaßen planvoll und überlegt zu erschließen. Die alte Standardkritik an Quizsendungen – Wissen werde mit einer Ansammlung beziehungsloser Tatsachen verwechselt, es fehle die Bildung – konnte zwar nie so richtig überzeugen – auf Leute, die gut argumentieren können, aber über geringe Lexika- und Nachrichtenkenntnisse verfügen, trifft man nur äußerst selten –, sie hat sich aber bei den Sendungen mit Antwort-Angeboten recht häufig von vornherein erledigt.

Je nach Frage und offerierten Antwortmöglichkeiten ergibt sich aufseiten der Kandidaten ein großes Tableau, das von sicherem Wissen über halbwegs plausible Ausschlussverfahren bis hin zum Zufallstreffer reicht. Die Quiz-Sendung ist deshalb zu einigen Teilen ein Ratespiel, vorausgesetzt, der Kandidat ist gewillt, ein Risiko einzugehen. Sieht die Abfolge der Fragen und Gewinne einigen Raum für Spekulationen und Abstürze vor, verwandelt sich die Sendung für den Betrachter in ein psychologisches Drama, bei dem er Mut, Selbstüberschätzung, Anmaßung, Angst der Protagonisten studieren kann. Zum Mitraten, Mitfiebern tritt die Menschenbeobachtung hinzu oder setzt sich an ihre Stelle. Das Quiz wird so zur Inspektion und Verhaltenslehre.

Durch relativ niedrige Gewinnsummen und eine entspannte Atmosphäre, die von sehr routinierten Moderatoren wie z.B. Kai Pflaume und Jörg Pilawa hergestellt wird, will und kann das Quiz dem entgehen. Die Betonung beim Ratespiel liegt nun auf der letzten Silbe; die Welt mit ihren Tatsachen und Fragen ist hier in erster Linie da, um Kommunikation ohne Untiefen zu garantieren, die Sache bzw. die Sendung kommt auch ohne Drama, Expertentum, starken Willen oder Erfolgsdrang aus bzw. voran.

Wichtig sind Sympathieträger, die mit angenehmer, nicht zu expressiver Mimik und Gestik und amüsanten Pointen dem Ganzen erst Charme und Leben verleihen. Ein Übermaß an Fragen, die ein oder zwei Mal vorgelesen werden müssen, eine komplizierte Ratedramaturgie sowie ein enger Zeittakt stören nur. Das Quiz bietet im besten Fall einigen Raum, damit sich Moderatoren und Kandidaten entfalten können. Die Fragen wiederum wirken im besten Fall anregend, sodass die Leute nicht über sich selbst und ihre Ansichten berichten müssen, sondern sich unbeschwert Assoziationen und Pointen hingeben können.

Eine bemerkenswerte Mischung bietet die deutsche »Who Wants to Be a Millionaire?«-Fassung an (RTL, läuft seit 1999, immer noch sehr erfolgreich, z.B. am 6.1.2022 bei einer Extra-Ausgabe insgesamt fast 5 Millionen Zuschauer, die im Schnitt einschalteten, macht einen Marktanteil von 19,2 %; bei den 14- bis 49-Jährigen immerhin 18,3 %). »Wer wird Millionär?« besitzt einen äußerst routinierten Moderator, Günther Jauch, der dennoch nicht nur für Entspannung sorgt. Die Fragen sind auf den mittleren Stufen oft recht einfach, weil sie aber nicht skurril ausfallen, ist es peinlich, sie falsch zu beantworten (Studenten liefern zuverlässig solche zwiespältigen TV-Highlights). Licht- und Soundregie sollen Dramatik erzeugen, weil die Show aber bereits sehr lange läuft, agieren viele Kandidaten im Gefühl höchster Vertrautheit. Die durchschnittlichen Gewinnsummen sind eher bedeutungslos (16.000, 32.000 Euro), die Aussicht auf mögliche große Summen bringt aber ein gewisses Hochgefühl hinein (wenn man auch anmerken muss, dass die 500.000 oder 1.000.000 Euro nach zwei Jahrzehnten vielleicht an Glanz, ganz sicher aber an Wert verloren haben; in Berlin z.B. kann man für den Höchstgewinn gerade mal noch eine 80-Quadratmeter-Neubauwohnung kaufen).

Da die Sendung den Kandidaten für die Beantwortung der Fragen kein Zeitlimit setzt, fungiert sie nicht nur als Quiz, sondern auch als Panorama des Deutschen. Wo sieht man sonst über derart lange Zeiträume (oft eine halbe Stunde lang) Rentner, Pfleger, Büroangestellte, Handwerker, Kleinunternehmer etc.? So relativiert sich auch die Gewinnsumme, 16.000 Euro oder

32.000 Euro stellen für einige von ihnen hohe Beträge dar. Meist soll das Geld für Fernreisen oder ein neues Auto eingesetzt werden, schlechte Nachrichten für Fridays for Future. Die Auswahl der Kandidaten geht offenkundig nicht auf ein Bestreben der Produktionsfirma zurück, die Geldgewinne niedrig zu halten; auch Unidozenten und Hobbyenzyklopädisten besitzen wahrscheinlich keine höheren Gewinnchancen. Die Fragen sind breit gestreut, Politik, Erdkunde, Boulevard, Garten, Formel 1, Fußball, Bestseller, Statistiken, Tiere usw. Das Ideal der Sendung ist der dem Praktischen nicht abgeneigte Zeitungsleser, der zudem historische Sachbücher liest oder entsprechende TV-Dokus schaut. Wohl genau der Typus, den Politiker meinen, wenn sie vom ›bürgerlichen Wähler‹ sprechen. Der ältere Bildungsbeflissene ist hier ebenso überfordert wie die jüngere Social-Media-Generation.

Auch beim jüngsten Quiz-Erfolg »Wer stiehlt mir die Show?« (Pro7, läuft seit 2021, mitunter in der für die Werbung wichtigen Zielgruppe der 14- bis 49-Jährigen mit Einschaltquoten um die 20 %) ist das nicht anders. Insgesamt gibt es bei der Show von Joko Winterscheidt (zusammen mit überwiegend bekannten Kandidaten aus Film, Musik, Social Media und TV) mehr Popmusik-Fragen als üblich, aber auch viele klassische Quiz-Themengebiete kommen zur Sprache. Die alten wie die neuen Fragen werden teils mit bewährten Gestaltungsmitteln (verfremdete Songs müssen erkannt, Lückentexte aufgefüllt, Personen bildhaft elementweise erschlossen werden), teils mit neuen Showelementen präsentiert (Anleihen an Social-Media-Design, gespielt wird nicht um Geld, sondern um die Moderationsrolle). »Kultur«-Fragen nach Beethoven, Warhol, Napoleon etc. können dort bislang nur von älteren, öffentlich-rechtlich ausgebildeten Prominenten wie Thomas Gottschalk und Anke Engelke erfolgreich beantwortet werden. Die anderen Kandidaten wie Elyas M'Barek, Shirin David, Riccardo Simonetti, Palina Rojinski müssen (nur) hier zurückstecken, ebenso aber auch der jeweils unbekannte Mitspieler (zuletzt etwa eine Radiomoderatorin); diese No-Name-Repräsentanten sind nicht allein bei den »Kultur«-Fragen, sondern auch in den meisten anderen Spielrunden unterlegen, an Charme und Witz ohnehin.

Das ist keine Überraschung mehr. Da sich schon seit vielen Jahren zahlreiche TV-Akteure ebenfalls den Spielaufgaben stellen, ist mehr oder minder amtlich, dass die Fernsehstars in vielfacher Hinsicht zu den ›Besten der Nation‹ gehören, ihren Anhängern überlegen. Günter Jauchs Intelligenz-Überprüfungsshow »Bin ich schlauer als …?« hat sogar repräsentativ den Nachweis erbracht, dass Verona Pooth, Oliver Pocher u.a. bei IQ-Test-Aufgaben besser abschneiden als die Mehrheit der Deutschen. Die ›hohe/niedrige Kultur‹-Unterscheidung wird so durch die früher gerne der ›low‹ bzw. ›popular‹ oder ›mass culture‹ zugeschlagene TV-Unterhaltung für die handelnden Personen zugleich dementiert (bei den Stars) und nahegelegt (bei der Mehrheit der Zuschauer), zumindest was den nach einem bekannten Verfahren messbaren Intelligenzgrad anbelangt. Nur Moderator Jauch selbst lag genau in der Mitte (besser als 51 % der Deutschen), vielleicht auch ein Grund für seine anhaltend hohen Sympathiewerte bei einem großen Publikum.

Bei »Bin ich schlauer als ...?« taucht wegen des repräsentativen und naturwissenschaftlichen Anspruchs sogar die alte Ausgangsfigur des Massenmedien-Quiz, der Professor, wieder auf. Nun wenig showgemäß aber kein Hochstapler, sondern ein Neurobiologe, Direktor des Zoologischen Instituts der TU Braunschweig. Das hat es seit den Tagen von Wim Thoelkes »Der große Preis?« (ZDF, 1974 bis 1992) derart exponiert wohl nicht mehr gegeben, als in der Schlussrunde der vor allem in den 1970er Jahren am Donnerstagabend äußerst publikumsträchtigen Sendung (bis 60 % Einschaltquote) die Kandidaten ihr Fachwissen unter akademischer Aufsicht bewähren mussten (unter den Quiz-Juroren Hans-Otto Hügel, Professor für Populäre Kultur).

Das führt zur abschließenden Frage: Wer entscheidet darüber, ob die Fragen richtig oder falsch beantwortet wurden? Augenscheinlich der Moderator, allerdings ist er bloß Gefangener der Vorgaben. Um für Richtigkeit zu garantieren, bleiben nur die einfachen Tatbestände übrig: Eigennamen, statistische Daten, Teile von Gesetzen, Klassifikationen und Nominaldefinitionen; die große Welt der historischen Ursachen, Motive, Wahrscheinlichkeiten, bedeutenden Zusammenhänge muss versinken, um das Quiz ordnungsgemäß auferstehen zu lassen. Darüber wacht die Redaktion.

Aber wer wacht über sie? Wer ist die Autorität? Eine Anekdote kann im Falle von »Wer wird Millionär?« Auskunft geben. Gefragt wurde 2005 für 500.000 Euro nach: »Welcher Nobelpreisträger für Physik war mehrfacher Fußballnationalspieler seines Landes?« Antwortmöglichkeiten: Gustav Hertz, Niels Bohr, Pierre Curie, Henri Becquerel. Als richtige Antwort wurde »Niels Bohr« benannt. Belegbar sei aber nur, heißt es, »dass der Bruder Harald Bohr Fußball-Nationalspieler für Dänemark war. Beide Brüder waren erfolgreiche Vereinsfußballer. Der dänische Verband erklärte, für die Zeit Anfang des 20. Jahrhunderts keine Aufzeichnungen mehr zu haben. Möglicherweise beruht die Information, dass auch Niels Bohr Nationalspieler war, auf der Meldung einer dänischen Tageszeitung anlässlich der Nobelpreis-Verleihung an Niels Bohr. Eine der Quellen für die WWM-Redaktion war (neben der Brockhaus-CD-ROM) Wikipedia. Im Anschluss an die strittige Frage wurde dort der Eintrag zu Niels Bohr geändert. Der Kandidat wurde erneut eingeladen.« Und »nach der ›Niels-Bohr-Frage‹ wird die Wikipedia von der WWM-Redaktion jedoch nicht mehr als Quelle zugelassen.« Woher diese Auskunft stammt? Natürlich von Wikipedia. Ob sie als Material für eine neue Frage taugt – worauf beruht die TV-Rateshow, a) auf Brockhaus, b) auf Wikipedia, c) auf Universitätsdozenten, d) auf Professor Quiz –, kann darum nicht sicher gesagt werden. ◆

SEX

PARASOZIALE BEZIEHUNGEN AUF ONLYFANS

Lisa Andergassen

◆

Im Jahr 1965 sitzt der spätere amerikanische Bürgerrechtler Eldridge Cleaver im Männergefängnis.. Weil er unverheiratet ist, bleibt ihm jeglicher Zugang zu potenziellen sexuellen Partnerinnen versperrt. Ein Pin-up-Girl, das er sich an die Wand heftet, wird zum Objekt seiner Begierde, zu seiner Braut: »I would fall in love with her and lavish my affections upon her«, schreibt Cleaver in seiner 1969 veröffentlichten Aufsatzsammlung »Soul on Ice«.

Nicht ganz unähnlich muss es vielen während des ersten Lockdowns 2020 gegangen sein. Die Möglichkeiten, Menschen für sexuellen Austausch außerhalb der etablierten Zweierbeziehung zu treffen, waren gering, weil die meisten Leute ihre Zeit alleine zu Hause verbringen mussten. Wenig überraschend schnellten die Besucherzahlen gängiger Porno-Seiten in die Höhe. Davon profitierte auch ein neuer Player, der sich in das Bewusstsein der allgemeinen Öffentlichkeit katapultierte: die Content-Sharing-Plattform OnlyFans.

Das Business-Modell der Seite ist schnell erklärt: Auf OnlyFans kann jeder und jede Inhalte posten. Wer diese Inhalte sehen will, muss ein Abo über durchschnittlich 15 Dollar abschließen. 80 % der Einnahmen verbleiben bei den Content-Erstellerinnen, den Rest sackt die Plattform selbst ein. Anders als bei Instagram oder Twitter können Inhalte explizit sein oder auch nicht (geschätzte 80 % sind es). Extra-Einkommen werden über die sogenannten Tips (also Trinkgelder) erzielt. Diese liberale Posting-Politik zog – ebenfalls wenig überraschend – nicht nur neue User, sondern auch viele professionelle Sex-Arbeiterinnen an, deren Arbeitsbedingungen sich durch die Corona-Maßnahmen drastisch verändert haben. Und auch jene, die durch andere, nicht explizite Arbeitsausfälle und ein Surplus an Zeit überhaupt erst auf die Idee kamen, in die Sexarbeit einzusteigen.

Die Synthese aus Sharing-Plattform-Infrastruktur und expliziten Inhalten verhalf OnlyFans im Frühjahr 2020 schnell zu ungeahnter Medienpräsenz. Die Plattform wurde mit allen möglichen Superlativen und Zukunftsvisionen überfrachtet. Sie habe Sexarbeit für immer verändert, titelte die »New York Times« bereits am 9.2.2019, die Plattform diversifiziere Pornografie und schaffe endlich faire Produktionsbedingungen für das sonst oftmals prekäre Geschäft. Spätestens seit Ex-Disney-Star Bella Thorne sich einen Account zulegte (angeblich, um für eine Filmrolle zu recherchieren), wurde OnlyFans gar bescheinigt, Pornografie zu normalisieren.

Trotz der ständigen Anrufung ist vielen aber bis heute unklar, was genau der übersättigten Porno-Landschaft hier hinzugefügt wurde. Denn anders als bei den gängigen Tube-Seiten oder Social-Media-Plattformen kostet jeder Blick auf einen Account Geld. Zahlungsunwillige können sich deshalb nur aus zweiter Hand ein Bild von den Inhalten hinter der Paywall machen. Zum Beispiel über das Subgenre »I signed up to X-account so you don't have to« auf YouTube, wo selbsternannte investigative Bloggerinnen den Blick auf ausgewählte Inhalte freigeben. Die sind für das so betitelte »Instagram for Porn« oft erstaunlich zahm und erinnern mit ihrer Mischung aus Behind-the-Scenes-Szenarien, digitalen Wohnungstouren und ästhetisch aufgepeppten situativen Posts wirklich eher an Instagram als an Porno. Kostenlos einsehbare Bilder von sogenannten Models unterscheiden sich kaum von Instagram-Influencern oder Eldridge Cleavers Pin-up-Girl.

Man stelle sich nun aber vor, die Menschen, die wir bewundern und begehren, die wir uns an Wände heften und denen wir auf Instagram, YouTube oder Twitter folgen, würden uns exklusive Privatnachrichten schreiben, uns an ihrem Alltag teilnehmen lassen, wichtige Ereignisse in unserem Leben mitverfolgen und uns Sex-Clips schicken, in denen sie kurz vor dem Orgasmus unseren Namen rufen. Und genau das bietet OnlyFans. Was die Plattform zwar nicht erfunden hat, aber nahtlos miteinander verknüpft, ist der Wunsch nach intimen Verhältnissen mit bestimmten Online-Persönlichkeiten und explizit sexuellen Projektionsflächen.

Natürlich benutzen auch Pornodarstellerinnen und Softcore-Models Twitter, Instagram und Co., um auf Sex basierende Followerschaften zu bilden. Die Kommunikation mit den Fans ist aber, bis auf Webcamming und Alt-Porn-Seiten, die von einzelnen Personen oder kleineren Communities betrieben werden, vorrangig eine Werbemaßnahme für das, was eigentlich verkauft werden soll, nämlich Porno-Clips oder Nacktbilder. Bei OnlyFans hingegen ist die persönliche Adressierung eines User-Gegenübers das Hauptprodukt: Sexy Models sprechen ihre Abonnenten direkt an und lernen die Vorlieben ihrer Fans gerade so gut kennen, dass Extrazuwendungen wie Sexting wenn nicht gar ins Schwarze, doch zumindest nicht ganz daneben treffen.

Wenn es Usern so vorkommt, als interessiere sich das Objekt ihrer Begierde für sie persönlich, wird das im Fachjargon als parasoziale Beziehung bezeichnet. 1956 von Donald Horton und R. Richard Wohl in ihrem Aufsatz »Intimacy at a Distance« entwickelt, beschreibt die Kategorie ein bestimmtes Verhältnis von Fernsehzuschauern und Medienpersonen. Es entsteht, wenn sich Letztere in einer Weise an ihr Publikum richten, die Einzelnen das Gefühl gibt, direkt angesprochen zu werden, obwohl er oder sie nur als Teil einer Gruppe adressiert wird. Horton und Wohl hatten dabei noch eine klassische, durch Welten getrennte, Star-Fan Konstellation vor Augen. Auf der einen Seite Bewunderer mit laufendem Kopfkino, auf der anderen Seite unerreichbare berühmte Persönlichkeiten.

Soziale Medien haben die Grenzen zwischen Fan und Medienpersönlichkeit verschoben. Gewisse Berühmtheitsgrade können heute in Eigenregie generiert werden. Aspirative Blogger, Influencer etc. sind dann besonders erfolgreich, wenn es ihnen gelingt, ihre Follower in parasoziale Beziehungen zu verstricken. OnlyFans ergänzt hier aber noch ein weiteres wichtiges Detail: die Aussicht auf explizite Inhalte von Mainstream-Künstlerinnen und -Berühmtheiten.

Als sich Cardi B. und Bella Thorne einen Account auf der Plattform zulegten, entstanden sofort gewisse Hoffnungen. Würden sie mit den letzten Beschränkungen exhibitionistischer Selbstvermarktung brechen? Würde also einer der Stars nackt oder beim Sex zu sehen sein? Cardi B. beugte Enttäuschungen auf User-Seite vor, indem sie in einem Tweet klarstellte: »Also any rumors floating around. NO I WONT BE SHOWING P--SY, T---IES AND A—.« Bella Thorne hingegen verhalf allein die Tatsache, dass explizite Bilder, aufgrund fehlender Zensur derselben, theoretisch möglich wären, innerhalb von 24 Stunden zu einer geschätzten Million Dollar. Einfach nur, weil sie die Frage erstmal offenließ.

Der aufmerksamkeitsökonomische Trick von OnlyFans ist, sich weniger schmuddelig zu geben, als es ist, und gleichzeitig unausgesprochen zu versprechen, dass jeder Inhalt pornografisch sein könne. Ganz so als hinge der Wille zum Sex vor der Kamera nur von der Infrastruktur der medialen Umgebung ab und nicht von gesellschaftlichen Vorurteilen gegenüber pornografischen Inhalten und deren Produzentinnen. Dass Ersteres nicht der Fall ist, zeigte sich spätestens mit der Ankündigung der OnlyFans-Betreiber vom 19.8.2021, in der es hieß, man sei aufgrund des Drucks großer Bezahlsysteme gezwungen, zukünftig explizites Material von der Plattform zu verbannen. Weniger als eine Woche später wurde dann eine 180-Grad-Wendung vollzogen und der Status quo wieder hergestellt. Trotzdem haben sich damit Hoffnungen auf die Normalisierung von Sexarbeit und die Goldgräberstimmung des letzten Jahres bereits wieder als bloße Illusionen herausgestellt. Wie so viele andere Firmen verfolgt auch OnlyFans die Strategie, so lange auf die finanzielle und aufmerksamkeitsökonomische Schlagkraft von Sexarbeiterinnen zu setzen, bis der Schritt in den Mainstream in greifbare Nähe rückt.

Ob OnlyFans' Businessmodell ohne explizite Inhalte tragbar ist, ist mehr als fraglich. Nicht nur, weil es schon genug Kochshows und Fitnessanweisungen auf Youtube gibt, sondern vor allem, weil OnlyFans-Models sich von denen auf gängigen Pornoseiten oft tatsächlich unterscheiden; sie bieten darum zwar einen Mehrwert, aber einen, der ohne sexuellen Zusammenhang wiederum nicht ungewöhnlich wäre. In Interviews für Zeitungen, Magazine und Dokumentarfilme beschreiben erfolgreiche Account-Inhaberinnen unisono, dass es bei ihrem sexuellen Warenwert um einen persönlichen Touch und die intensive Kommunikation mit ihren Abonnenten gehe. »I know most people come to see my boobs, but they stick around for the conversation«, fasst die Online-Sexworkerin Bea Dux ihr Erfolgsrezept im Podcast »The problem with OnlyFans' mainstream dream« vom 16.9.2021 für den »Guardian« zusammen.

Der Intimitätsfaktor bei diesen Konversationen ist hoch. Models suggerieren betonte Offenheit, wenn es beispielsweise um ihren mentalen oder physischen Zustand geht: »Feeling myself for sure in this video, 3rd day of my fast and I'm very happy with how my body is responding!«, postet UberDAD beispielsweise, oder teasert ein potenziell persönliches Gespräch mit ihm an: »So this last month was quite challenging for me...«. Aber auch das einfache Teilen von Alltagsroutinen bringt Hits. Taylor Daley beschreibt in dem ABC-Dokumentarfilm von 2021 »OnlyFans: Selling Sexy« etwas verwundert, wie sehr manche seiner männlichen Fans es lieben, ihm beim Zähneputzen zuzusehen. Die Bereitschaft, online in persönlichen oder gar intimen Kontakt zu treten und dafür Geld zu bezahlen, sagt dabei wahrscheinlich weniger über OnlyFans aus als über ein bei vielen offensichtlich unbefriedigtes Bedürfnis, nämlich dem nach menschlicher Nähe.

Das hat auch OnlyFans-Veteranin und Topverdienerin Dannii Harwood früh erkannt. Sie beschreibt ihren Softcore-Service als Gratwanderung zwischen Sex- und Sozialarbeit: »You can get porn for free. Guys don't want to pay for that. They want the opportunity to get to know somebody they've seen in a magazine or on social media. I'm like their online girlfriend«, wird sie in dem »New York Times«-Artikel »How OnlyFans changed Sexwork forever« vom 9.2.2019 zitiert. Harwood arbeitet sich in die Psyche ihrer Fans hinein, merkt sich Gewohnheiten, wichtige Ereignisse in deren Leben und, natürlich, ihre sexuellen Vorlieben. Auch Kreativität spiele eine wichtige Rolle, so führt Harwood laut »New York Times« immer neue »themed days like Mistress Mondays and Dare Dannii Tuesdays« ein oder lässt Fans darüber abstimmen, ob sie dem Pizzalieferanten nackt die Tür öffnen oder doch lieber in Unterwäsche mit dem Auto durch die Stadt fahren soll.

Wenn das Beziehungs-Kopfkino gut anläuft, kommt auch die Zahlungswilligkeit in Gang. Und dabei scheint es wenig Unterschied zu machen, ob jemand

Softcore- oder Hardcore-Inhalte anbietet. Die Pornodarstellerin und MILF Sylvia Saige, die sich auf maßgeschneiderte Porno-Clips und Fotos spezialisiert hat, verkauft ihre kostbare Zeit zusätzlich durch ebenso maßgeschneidertes Sexting und dem »Boyfriend for the Week«-Feature. Ihre temporären Boyfriends erhalten eine Woche lang extra Zuwendungen, mehr Nachrichten und je nach Tageszeit Bilder von Siage, wie sie sich, scheinbar gerade aufgewacht, in Unterwäsche auf dem Bett räkelt oder sich zum Ausgehen in den Club fertig macht.

Damit die monetären Transaktionen dem Gefühl von Intimität nicht in die Quere kommen, sorgt OnlyFans dafür, dass Fans nicht ständig daran erinnert werden, dass sie für sexuelle Zuwendungen Geld ausgeben müssen. Das Webdesign ist vertrauenserweckend unpornografisch. Das Bezahlsystem ist verlässlich und läuft kaum spürbar im Hintergrund ab. Abos verlängern sich automatisch, wenn erwünscht. Auch die Tip-Transaktion ist so subtil, dass sie einem kaum auffällt. Einmal eingegeben, werden Kreditkartendaten abgerufen, ohne dass man sich irgendwo neu einloggen muss.

Das Abo, das als erste Zugangsschranke überwunden (sprich: abgeschlossen) werden muss, verschafft einem allerdings nur sehr begrenzten Zugang zu Inhalten. Für viele Bilder und Clips müssen extra Tips (bis maximal 100 Dollar) gezahlt werden, sodass manch ein Account-Besuch ähnlich unbefriedigend ausfällt wie ein Stadtbummel, bei dem man feststellt, dass 60 % der Schaufenster leer oder blickdicht verhangen sind. Damit man den Blick trotzdem nicht abwendet, trudeln auf der Seite ständig Textnachrichten mit Versprechen auf neue Inhalte ein. Katrina Jade z.B. verschickt gerne Status-Updates, ob sie gerade erreichbar ist, etwa: »I'm online, send me a tip to play«, oder Abstimmungsaufforderungen wie »I just masturbated by riding my own hand and now I'm ready to go again. What should I jerk off with next? $5 for vibrator $10 for dildo.« Das lukrativste Geschäft des »Instagram for Porn« ist trotz aller gegenteiligen Behauptungen und gerne vorgezeigten Belege aber nicht die Pornografie, sondern die Monetarisierung von Online-Girl- bzw. Boyfriend-Experiences. ◆

MODE

MINI ME
Postdemokratische Körper: Plastische Chirurgie, Genetik, Trauma

Diana Weis

Natürlich ist es Kim Kardashian, die für den aufregendsten Modemoment der letzten Monate sorgte. Natürlich in Balenciaga, dem Label, an dessen radikaler Ästhetik aktuell kein Weg vorbeiführt. Die Bezeichnung ›head-to-toe‹ beschreibt den Look, den Kardashian zur Met Gala im September 2021 trug, besonders treffend. Abgesehen von einer Aussparung am Oberkopf, durch die sich eine knielange Haarpeitsche fädelte, war jeder Quadratzentimeter ihres Körpers bis hinab zu den Schuhspitzen hauteng in opaken schwarzen Stoff eingenäht.

Kardashian, die eher dafür bekannt ist, zu viel Haut zu zeigen, brach mit dem Verdecken des Gesichts ein Tabu. Im Diskurs um ein »Burkaverbot« wird auf der Pro-Seite häufig das Sentiment angeführt, die Vollverhüllung käme einer »Entmenschlichung« gleich (»Emma«). Die Netzsphäre empfand Kardashians Auftritt einfach als gruselig. In einem vielgeteilten Mem wurde ihr Look als »Schlaf-Paralyse-Dämonin« interpretiert. Dazu passt, dass die Stilbibel »Dazed & Confused« kürzlich ausrief, die Celebrity-Kultur sei in ein »neues verstörendes Reich des Unheimlichen« eingetreten. Neben einer Vorliebe für gruftimäßige Stylings, bei denen wiederum das Label Balenciaga federführend ist, zeichne sich diese Ära vor allem dadurch aus, dass die Nahbarkeit, welche das Verhältnis von Stars zu Masse im frühen Social-Media-Zeitalter prägte, einer neuen Distanziertheit zum Volke gewichen sei.

Nun ist die Met Gala nicht irgendein roter Teppich. Seit Jahren überbieten sich die Celebrities hier mit geradezu lächerlich extravaganten Looks. Trend-

Kim Kardashian © Instagram

Kassandra Li Edelkoort machte ihrem Unmut über diese Entwicklung bereits 2019 Luft. In einem ›Rant‹ auf der Design-Plattform »Dezeen« schrieb sie, die Zurschaustellung sinnloser Verschwendung käme einer demonstrativen Verachtung »normaler Menschen« gleich. Mit Grauen fühle sie sich an den Hof von Marie-Antoinette zurückversetzt, dem historisch letzten Aufbäumen eines vordemokratischen Körper- und Modeverständnisses.

Tatsächlich evozierten ikonische Met-Gala-Momente, wie Rihannas pelzverbrämte kanariengelbe Schleppe oder Jared Letos strassbesetzte Gucci-Robe, inklusive unter dem Arm getragener Nachbildung seines Kopfes, typische Elemente der Hofmode des Absolutismus. Dabei wiegen Aufwand und Kosten der Kleidung schwerer als moderne Vorstellungen von Stil und Geschmack. Auch eignen sie sich keinesfalls dazu, durch Trickle-Down-Effekte nachgeahmt, in abgeschwächter Form Teil des modischen Kanons der mittleren bis unteren Schichten zu werden. Kim Kardashians Succubus-Look ging jedoch

Kylie Jenner © Instagram

noch einen entscheidenden Schritt weiter. Nicht nur war ihr Outfit im Vergleich zu den vorhergenannten Beispielen von geradezu bestechender Schlichtheit, es diente auch nicht als Vehikel zur Vermehrung des eigenen Ruhms. Vielmehr war ihre Berühmtheit Vorbedingung für das Funktionieren des Looks. »The power of making yourself known by disguising yourself. Genius«, kommentierte etwa Modeblogger Bryan Boy. Und der Instagram-Accout »Diet Prada«, sonst für ätzende Kritik an den Outfits der Kardashian-Schwestern bekannt, musste Kims einzigartige Position im Celebrity-Kosmos anerkennen: »When you're so famous you can literally make ›anonymous‹ your new lewk.«

Viel ließe sich an dieser Stelle über Kardashians Körper spekulieren, dessen Konturen unter dem hautengen schwarzen Stoff mit der Schärfe eines Schattenrisses hervortraten und der mit der schmalen Taille und den ausladenden Hüften wiederum formale Ähnlichkeiten zum Körperideal des Rokoko aufweist. Körpertheoretische Betrachtungen der weiblichen Physis im Spannungsfeld aus Inszenierung, Geld und Macht begreifen diese üblicherweise als Ergebnis aufstiegsorientierter Selbstoptimierungsarbeit. Daran könnte sich die Frage anschließen, wessen Produkt dieser Körper sei: des Plastischen Chirurgen Dr. Jason Diamond, des stilprägenden Einflusses ihres Bald-Ex-Mannes Kanye West, des Balenciaga-Masterminds Demna Gvasalia oder, im Sinne des postfeministischen Empowerment-Ansatzes, ihres höchsteigenen Willens?

Interessanter erscheint jedoch die Frage, ob die Prämissen der Kritik ›neoliberaler Idealkörper‹ den vollen Bedeutungshorizont von Kardashians Fame-Performance ausreichend erfassen oder ob an dieser Stelle ebenfalls eine neue und gestörte Ära des Unheimlichen ausgerufen werden muss. Das Versprechen der kosmetischen Industrie, jedes Mauerblümchen in ein Glamour-Geschöpf mit Starpotenzial zu transformieren, hat sich in dem Maße erschöpft, wie Beauty-Eingriffe alltäglich wurden. Die Wahrscheinlichkeit, einem Kardashian-Klon im Real Life zu begegnen, sind in den letzten zehn Jahren deutlich angestiegen. Das beweist jedoch nur, dass zwar erhebliche Ressourcen an Schmerz und Geld investiert wurden, der Erlös jedoch ausblieb.

Die Frühphase der Sozialen Medien mit ihren scheinbar unbegrenzten Aufstiegspotenzialen ist unwiederbringlich vorbei, die Aufmerksamkeits-Pfründe längst verteilt. Jetzt geht es um Machtsicherung. Die von »Dazed & Confused« attestierte neue demonstrative Unnahbarkeit der Stars beträfe damit auch die Qualität der dargebotenen Körper: vom demokratischen Selbstoptimierungsprojekt zum postdemokratischen Evidenzobjekt einer in unerreichbare Ferne gerückten Privilegierung.

Die Selbstverständlichkeit, mit der Machtansprüche auf die nächste Generation ausgeweitet werden, stützt diesen Paradigmenwechsel. Das dynastische Denken hat in die Celebrity-Kultur längst Einzug gehalten. Mit Kendall Jenner, Kaia Gerber sowie Gigi und Bella Hadid stammen vier der momentan bestbezahlten Models aus berühmten Familien und waren schon als Kinder bzw. Jugendliche in den Medien präsent. Ihr Erfolg ist damit weniger das Ergebnis aufstiegsorientierten Strebens als vielmehr von Vererbung.

In seiner Analyse vor-demokratischer Körperbilder »Ausdruck und Einbildung. Zur symbolischen Funktion des Körpers« schrieb Gunter Gebauer 1981, die Kinder der Adligen hätten die »angeborenen Fähigkeiten, hohe Funktionen zu erfüllen«, denn: »Ein neugeborener Körper ist von einer langen Geschichte vorgeformt.« Ähnliches trifft auch auf die Körper der Promi-Sprösslinge zu. Besonders Luxuslabels zeigen eine hohe Affinität, deren angeborenes Bedeutungspotenzial fest an den eigenen Markenkern zu koppeln. So warb im letzten Jahr Willow Smith für Thierry Mugler, Zoe Kravitz für Saint Laurent oder Lily-Rose Depp für Chanel.

Die Vererbung tatsächlich physischer Eigenschaften kann diesen Prozess stützen, ist aber nicht Vorbedingung für dessen Gelingen. Schönheit ist letztlich eine Kategorie, die den hohen Status der Abstammung bezeichnet. Ende 2020 debütierte Heidi Klums Tochter Leni auf dem Cover der deutschen »Vogue«. Während die Klatschpresse lobte, Leni habe die »Model-Gene der Mama geerbt« (»Bunte«), ätzten andere, die Juniorin sei »zu klein« und »zu gewöhnlich aussehend« um als Model ohne Stammbaum Karriere zu machen.

Nun, die Genetik ist sowieso aus der Mode gekommen. Gerade in Celebrity-Kreisen ist die biologische Abstammung des Nachwuchses dank reproduktiver Trends wie Eizellenspenden, In-Vitro-Befruchtungen, Leihmutterschaft sowie Adoptionen nicht immer lupenrein feststellbar. Als ultimativ verbindendes Element zwischen Familienmitgliedern gilt daher nicht länger eine geteilte DNA, sondern ein geteiltes, also transgenerationales Trauma.

In der Popkultur tauchte das Konzept zunächst in Horrorfilmen wie »Hereditary« (2018) oder Gruselserien wie »Sharp Objects« (2018) auf, wobei die Weitergabe des Traumas auffallend häufig von Müttern auf die Töchter erfolgte. Das Magazin »Vice« stellte damals fest: »Inherited family trauma is the new form of body horror.« Schon bald darauf folgte der »Literally My Life«-Trend auf der Social-Media-Plattform TikTok, dem (mit einigen Ausnahmen) wiederum überwiegend junge Frauen folgten. Zu dem gleichnamigen Bubblegum-Popsong der YouTuberin Eva Gutowski tanzten sie vor der Kamera. Gleichzeitig wurden kurze Textfragmente eingeblendet, die vergangene »traumatische« Erlebnisse, etwa im Zusammenhang mit der Scheidung oder dem Alkoholismus der Eltern, schilderten. 2021 war das Thema mit dem Disney-Blockbuster »Encanto«, einem in den Bergen Kolumbiens angesiedeltem magischen Mehrfamiliendrama, in dessen Zentrum drei Schwestern stehen, endgültig im Mainstream angekommen.

Wie die transgenerationale Weitergabe von Traumata funktioniert, lässt sich in Celebrity-Reality-Formaten besonders gut beobachten – etwa wenn in »Real Housewifes of Beverly Hills« das Ex-Topmodel Jolanda Hadid ihre über Hunger und Schwächegefühl klagende Tochter Gigi dazu auffordert, eine einzige Mandel zu essen und »gut zu kauen«. So werden auch Techniken der Körpergestaltung vererbt, wobei Kalorienrestriktion nicht immer ausreicht, um das gewünschte Ergebnis zu erreichen. Fans der Serie »Keeping Up With The Kardashians« konnten über Jahre mitverfolgen, wie Kims jüngste Schwester Kylie Jenner als hässliches Entlein der Familie zunächst von Komplexen geplagt wurde und schließlich, dank den Segen der modernen Ästhetisch-Plastischen Chirurgie zum #facegoal zahlloser junger Frauen weltweit aufstieg. Natürlich begab sich Kylie bei Dr. Diamond in Behandlung – wie bereits ihre Mutter und ihre Schwestern. Auch so entstehen Familienähnlichkeiten. Wie Daniel Hornuff 2018 in seiner Kolumne »Körperdesign und authentischer Mensch« (Heft 13 der »Pop«-Zeitschrift) schrieb, werden solche Eingriffe längst nicht mehr als ein künstliches Hinzufügen oder als eine Korrektur von Makeln begriffen, sondern der Körper »im Gegenteil durch künstlichen Eingriff auf seine natürliche Bestimmung zurückgeführt.« Im Falle von Kylie Jenner also auf den angemessenen Ausdruck ihrer angeborenen Bedeutung.

Schon wird der Staffelstab an die nächstjüngere Generation weitergegeben. Im Oktober 2019 trug Kylie Jenners damals nur 20 Monate alte Tochter Stormi zu Halloween ein tief ausgeschnittenes, federnbesetztes Kleid mit passender lavendelfarbener Perücke. Ihr Kostüm war dem Versace-Look nachempfunden, den die Mutter zuvor auf dem Roten Teppich der Met Gala getragen hatte. Der ›Mini Me‹-Trend, bei dem Mütter und Töchter (seltener Väter und Söhne) in den gleichen Outfits auftreten, ist ein weiterer Hinweis auf die Zunahme eines dynastischen Denkens, das die eigenen Kinder selbstverständlich als Erweiterung des eigenen Selbst begreift. Luxuslabels wie Gucci, Barbour oder Balenciaga gehen bei ihren Kinderlinien verstärkt dazu über, Runway-Looks der Damenkollektion im Miniaturformat nachzuschneidern, anstatt eigene ›kindgerechte‹ Designs zu entwickeln.

Man fühlt sich an Portraits adliger Kinder zur Zeit des Absolutismus erinnert, die, ausstaffiert wie ihre Eltern, als ›fehlerhafte‹ Erwachsene begriffen wurden und deren Wert als Individuen nicht von der Abstammung getrennt werden konnte. Auch Marie-Antoinette trug schon im Alter von sieben Jahren Korsett. So werden Körper für einen festen Platz im Blitzlicht vorgeformt, der für Außenstehende trotz aller ›neoliberaler Selbstoptimierungsarbeit‹ weder vorgesehen noch erreichbar ist. ◆

TALIBAN, KAMIZ SHALWAR, CHEETAH-SNEAKER

Viola Hofmann

Design hat eine ästhetisch-politische Dimension und kann ein Gradmesser für freiheitliche Gestaltungsmöglichkeiten als auch deren Verfall sein. In seiner gesellschaftsformenden Rolle materialisieren sich Gesinnungen, wie Felix Kosok in seinem Buch »Form, Funktion und Freiheit« dargelegt hat. Aus der jüngeren Geschichte wissen wir, dass sich radikale Ideologien das Recht nehmen, ihre Grundhaltungen mit Macht und mit Brutalität durchzusetzen, auch ästhetisch. Dabei schalten sie bewusst bestimmte Reize aus und nehmen Menschen die Möglichkeiten zur Gestaltung des Selbst, was einer radikalen Einebnung freiheitlicher Entfaltung gleichkommt.

Im September 2021 wurden Videos aus Afghanistan publik, die einen vollbesetzten Hörsaal zeigten. Von vereinzelten Ausnahmen abgesehen, befanden sich in ihm von Kopf bis Fuß, von Gesicht bis zu den Fingerspitzen verhüllte Frauen. In der sog. schwarzen Burka und mit Taliban-Fahnen in den Händen saßen sie da. Kurz darauf gingen Bilder von Frauen der afghanischen Diaspora viral. Sie demonstrierten mit Selfies unter dem Hashtag DoNotTouchMyClothes für die Vielfalt afghanischer Kultur, indem sie sich in folkloristischer Kleidung inszenierten. Mit vielen Farben und Styles wendeten sie sich gegen die landesweit angeordnete Vollverschleierung lehrender, studierender und angestellter Frauen in ihrem Herkunftsland. Der Protest entlud sich gegen eine gewaltsame Entpersonalisierung von Frauen, gegen eine Verdeckung, die es unmöglich macht, sie als Individuen in Ausübung ihrer Profession wahrzunehmen.

Der von den Taliban mit Druck durchgesetzte Dresscode für Frauen, ein schwarzer Hijab, entspreche nicht nur nicht den afghanischen Kleidungstraditionen, sondern sei eine organisierte Uniformierung, so eine Einschätzung der Aktivistinnen. Durch dieses ›women washing‹, das von ländlichen Gegenden mit erzkonservativer patriarchaler Ordnung nun in die Städte übergreift, würden nicht nur die Frauen selbst, sondern die Vielheit afghanischer Identitäten insgesamt unter Kontrolle gebracht. Das Verbot zur freien Gestaltung tilge die eigene Tradition, die mit der blauen Burka zwar auch eine Form der Vollverschleierung kenne, doch die in einem gänzlich anderen historischen Kontext betrachtet werden müsse. Diese für Afghaninnen neue und fremde Verschleierung sei ein bewusst gesetztes Zeichen nach außen, um an ein transnationales Netzwerk der Scharia anknüpfen zu können. Aus der Perspektive westlich geprägter Anschauungen ist diese Differenzierung, was die beweglichen Formen von Verschleierungen und ihre Implikationen betrifft, immer noch schwer nachvollziehbar.

In den Sozialen Medien kursierten daraufhin Fotos von jungen Frauen im Afghanistan der späten 1960er und frühen 1970er Jahre, die in Miniröcken auf Straßen der Großstädte flanierten. Reflexartig scheinen immer dann freizügig gekleidete Frauen gezeigt zu werden, wenn es darum geht, den Segen der Demokratie zu belegen. Diese Bilder besitzen allerdings einen schalen Beigeschmack. Demonstrieren sie tatsächlich das Anrecht auf die freie Gestaltung des Selbst oder sind sie lediglich ein Beleg für die westlich verankerte Verpflichtung zur weiblichen Sexyness? Denn Rock kurz oder Schleier runter, so einfach ist es nicht. Die Entsender der internationalen Truppen scheinen dies jedoch bis zum Schluss geglaubt zu haben.

Mit bemerkenswerter Effizienz schlug die mediale Schleier-Propaganda der Taliban ein. Die Fragen und Diskussionen nahmen rasch zu: Wer sind diese Taliban 2.0? Was ist von ihnen zu erwarten? Wird die schreckliche Gewalt, wie sie in den 1990er Jahren verübt und zum Teil von den Vollstreckern selbst publik gemacht wurde, das erneute Machtmittel sein? Die Selbsterklärungen der Taliban lauteten, strategisch vage und interpretationsoffen, Frauen und Mädchen würden nach einer Übergangszeit wieder an allen Bereichen des gesellschaftlichen Lebens beteiligt, im Rahmen der Scharia. Was das heißen sollte, konnte nur vermutet werden. Die Skepsis und die Befürchtungen blieben erhalten. Hilferufe und Berichte über neue Brutalitäten und Morde gab es zu viele. Dennoch hielt sich nach dem schnellen Abzug ein Rest von Optimismus im Ausland.

Dass diese trügerischen Hoffnungsfünkchen nicht gänzlich verloschen, so beschleicht es einen, ist ein Coup der Taliban selbst. Es scheint zu den neu erworbenen Sozialtechniken der Machthaber zu gehören, sich bewusst indifferent zu äußern, um sich – noch ohne System und eigene Finanzen – politisch alle Türen offen zu halten. Eigene PR-Beauftragte sorgen für die richtigen Bilder in den Sozialen Medien. Vollverschleierung, Berufsverbote, Mobilitätseinschränkungen setzen starke Zeichen für die einen. Abgemildert werden diese durch die Betonung der eigenen Toleranz und Offenheit für die anderen. Man sei bereit einzulenken, solange alles im Rahmen des islamischen Rechts sei, so lassen sich zahlreiche offizielle Botschaften zusammenfassen. Dazu passende Videos zeigten entspannt oder ausgelassen wirkende junge Taliban: bei der Patrouille Eis essend, scheinbar die Pflicht vergessend im Vergnügungspark im Auto-Scooter oder auf Fitnessgeräten im Präsidentenpalast. Die Propaganda sollte verfangen. Quasi in Echtzeit verpassten sich die Taliban ein neues facettiertes Image, das mit den Strategien westlicher Politikdarstellung, nämlich plastisch-menschlichen Identifikationsangeboten, experimentierte. Mit einigem Zynismus kann man feststellen, dass sich der Darstellungsrahmen enorm erweitert hat. Neben den üblichen Routinen – die Führer kommen zusammen – wird gezeigt, dass man mit Blick auf die eigene Rolle zur Distinktion fähig ist.

Im staatlichen Fernsehen werden Interviews gegeben, auch wenn Frauen die Moderatorinnen sind. Ein deutsches Kamerateam begleitete ein Taliban-Oberhaupt in die Sendung eines bekannten afghanischen Comedians. Ein anderes Kamerateam wurde in die Berge zu Kämpfern geleitet, die sich dort interviewen ließen. Wieder andere Jounalistïnnen durften eine öffentliche Verhandlung mitfilmen, die zeigen sollte, dass die Rechtsprechung geregelt ist, auch bei Vergehen in den eigenen Reihen. Durch diese selbst initiierte Scheinwerferöffentlichkeit in den Sozialen Medien, die angeblich den Bedürfnissen des Volkes folgt, soll offensichtlich die Kontrolle in medialen wie in realen Räumen sichergestellt werden. Dabei passierten für alle sichtbar und beobachtbar neue Dinge, die man kaum für möglich gehalten hätte. Die Taliban gaben selbst vor, man habe sich verändert. Ungläubig blinzelnd fragten sich Beobachterïnnen, ob sich inmitten dieser explodierenden politischen Situation vielleicht doch eine moderate Modernisierung abzeichne. Doch ganz selbstverständlich vorgetragene Ankündigungen, dass Strafen wie Amputationen und Erschießungen wiedereingeführt würden, weil sie für die Ordnung wichtig seien, ließen einen geschockt zurück. Ein nicht mehr einsehbarer Höhepunkt der Paradoxie scheint erreicht zu sein, die schlicht als Waffe eingesetzt wird, um schrecklichen Horror zu verbreiten.

In einem Bericht wurde der Begriff des »Taliban-Effekts« verwendet: das Straßenbild vereinheitliche sich mehr und mehr. Der Vorrat an blauen Burkas werde knapp, in den Großstädten sehe man kaum noch Männer in Jeans und anderer westlich geprägter Kleidung. Stattdessen präge der Kamiz Shalwar, ein Ensemble aus breiter Hose (Shalwar), die im Bund zusammengezogen lose fällt, und seitlich geschlitzter Tunika (Kamiz), mit oder ohne Kragensteg, das Bild. Eine Weste (Waskat), die mit einem Sakko ohne Ärmel und Kragen zu vergleichen ist, und eine Kopfbedeckung gehörten dazu. Der

Ausdruck »Taliban-Effekt« erscheint insofern passend, als er die raschen Wirkungen der punktuellen Eingriffe der Taliban beschreibt. Scheinbar nachrangige Prozesse wie die Veränderung des Straßenbildes, die zunächst politisch wenig prägnant erscheinen, sind auf den zweiten Blick sichtbares Indiz für die Unsicherheit und die Angst, welche die Bevölkerung umtreibt.

Von dem erwähnten Comedian und der Moderatorin erfuhren die Journalistinnen, dass alle kritischen Fernsehformate sukzessive durch Kochsendungen ersetzt würden. Sie selbst hatten Angst vor den Taliban und achteten genau auf ihre Fragen, der Comedian verbot sich das Lachen. Ende Dezember 2021 trat eine neue Verordnung in Kraft, die verlangt, dass Frauen nur noch verschleiert in Autos mitfahren dürfen, die Kilometerzahl wurde begrenzt, das Radio darf keine Musik spielen. Die ist wie das Lachen und der Tanz suspekt. Noch gibt es aber Proteste gegen die Taliban. Ein Video zeigte eine Demonstration gegen die Einschränkungen der Menschenrechte in Pakistan, ein maskierter Protest in eigener Sache. Überwiegend weibliche Aufmarschierende, die Gesichter vielfach unverschleiert, drängten überraschte Taliban zurück. Nachdem sich diese gesammelt hatten, reagierten sie mit Warnschüssen und Schlägen.

Das radikale Islamverständnis der Taliban resultiert laut Islamwissenschaftlerinnen aus einem toxischen Gemisch. Patriarchale Stammestraditionen der Pashtunen mit lokal-historisch geprägten Ehr- und Rechtsverständnissen amalgamieren mit militant fundamentalistischen Ideologien, die durch Kolonialisierung und ›Kalten Krieg‹ über eine sehr lange Zeit geschliffen wurden. Die Vermischung mit einseitig ausgelegten islamischen Lehren ergibt eine aggressive Lehre, die durch den Abzug der US-amerikanischen Truppen und ihrer Verbündeten neuen Aufwind und ein neues Gesicht erhält.

Ihr Abbild ist die Sozialfigur des Talib 2.0. Diese scheint die Verkörperung einer eigentümlichen Akkomodationsfähigkeit fundamentalistischer Guerilla zu sein. In den letzten Jahren beschäftigten sich etliche Berichte mit deren Aneignungsfähigkeit unter dem Aspekt der technischen Kriegsführung. Der Toyota Hilux (1968 eingeführt) war mehrfach Gegenstand dieser Überlegungen. Er gehört mit der auf dem Wagen aufgepflanzten AK-74 zur Grundausstattung asymmetrischer Kriegsführung. Prädikate wie »pretty much unkillable« (aus einer britischen Autoshow, in der man versuchte, den Wagen mutwillig kaputt zu fahren) reichen als Erklärung, warum das Auto so gefragt und zusammen mit der Kalaschnikow zu einem ambivalenten Statussymbol geworden ist. Die Pritschen sind vollgestopft mit Männern in zivilen Kleidern, so eine Beschreibung. Wir kennen diese Bilder. Selbstverständlich wird mit ihnen die Asymmetrie low-tech gegen high-tech noch deutlicher hervorgekehrt.

Lediglich Männer in zivilem Outfit auszumachen, scheint unter diesen Vorzeichen jedoch zu ungenau. Alle Taliban tragen sozusagen als Grundanstrich den Kamiz Shalwar. Er ist in diesem langen Krieg ein symbolisches Outfit geworden, das für Tradition, ethnische Eigenständigkeit und Widerstandsfähigkeit steht und vor allem nun gegen alles Internationale ins Spiel gebracht wird. Anstelle des Waskat oder darüber geschichtet tragen die Kämpfer militärische Jacken, Munitions- und Utilitywesten in Khaki oder Camouflage. Diese entstammen entweder dem Secondhandmarkt oder sie wurden direkt aus den Lagern der internationalen Truppen erbeutet. Combat Boots, Schildmützen und Helme internationaler Truppen haben ähnliche Wege hinter sich. Basecaps, Schal- und Kopftücher und Turbane sind weitere Sampleteile des Taliban-Erscheinungsbildes. Folkloristische Käppchen mit einem prägnanten Ausschnitt über der Stirn oder die Pakol-Mütze sind pashtunischer Herkunft und gelten ebenfalls als Symbole des afghanischen Widerstandes, die nun von den Taliban assimiliert worden sind. Zum Schuhwerk gehören zudem Sandalen oder Schlupfschuhe, meist stark abgelaufen. Schuhe und neue Bekleidungswaren für den afghanischen Markt sollen hauptsächlich aus China stammen. Andere Bezugs- und Herstellungsländer sind Pakistan, Indien und Bangladesch. Über diese Wege kommen auch europäische Secondhandwaren ins Land, die von speziell ausgerichteten Händlern aufgekauft, dann auf- und umgearbeitet werden. Aufgrund der verheerenden wirtschaftlichen Lage gibt es kaum noch eigene Produktion im Bereich Handwerk und Industrie.

Die jüngeren Kämpfer tragen Sneaker. Ein Modell, der Servis Gepard, ist besonders oft vertreten. Es handelt sich um einen knöchelhohen, weißen Schnürboot der Produktionsfirma Servis aus Pakistan. Die Firma ist als Marke äußerst erfolgreich und besteht seit 1959, sie betreibt verschiedene Submarken mit diversen Alltags- und Sportschuhsortimenten. Diese werden in mehr als 400 eigenen Läden in Pakistan und über Vertrags- und Zwischenhändler ins nahe Ausland vertrieben. Servis unterstützt Teams im Mannschaftssport und gibt sich im Marketing jung, modern und vielfältig aus. Die Sportschuhe sind allerdings nicht direkt auf der Homepage des Unternehmens zu finden. Die sog. Cheetahs, genannt nach der Markenlinie, werden seit den 1980er Jahren hergestellt. Ein schwarzes Modell der Produktreihe wurde bereits in den 1980er Jahren von afghanischen Truppen bestellt, um sie professioneller aussehen zu lassen. Die Einheiten kämpften gegen die Taliban und die russisch gestützte Regierung.

Sie werden weiterhin getragen, über die Jahre sind die Schuhe zum allgemeinen Ausweis des Kämpfers geworden. So hatten sie sich in das kollektive Gedächtnis eingebrannt, nun aber werden sie vorrangig den Taliban zugeordnet. Die Menschen sind vorsichtig, wenn sie sie sehen, so ein Korrespondent. Bei seiner Reportage stieß er auf zurückhaltende Händler in Kabul und Mazar-i-Sharif. Das weiße Modell ist bei ihnen zwar zu haben, die Geschäfte laufen gut, aber man spricht nicht gerne darüber. Manchmal kämen Taxis, um größere Margen abzuholen, Einzelkäufer verlangten immer eine Quittung. Die neue Vorliebe der Taliban für das weiße Modell wurde durch einen Anführer mit der Symbolik der Farbe begründet: Sie steht für Frieden und die Fahne der Taliban. Stark gefragt sind sie jedoch in Kampfgebieten. Servis verkaufe in einem guten Absatzjahr um die 200.000 Paar in Afghanistan. Man gehe davon aus, dass jeder in Afghanistan die Schuhe trage, sie würden schließlich nicht für die Taliban hergestellt. Mittlerweile gibt es wegen der Nachfrage Kopien aus China. Sie unterscheiden sich in Material und Abweichungen im Design. Und sie sind günstiger.

Das Original besteht aus Leder. Auf der Zunge unter einem eingekreisten, gelben Stern, einem Fähnchen unterhalb des Knöchels und auf dem nach außen gerichteten Rand der Laufsohle steht Servis. Der Karton hat ein grafisches Design in Weiß und Blau mit dem Cheetah-Schriftzug. Die Kopien heißen Leopard oder Lepa, zumindest steht das auf der Zunge. Dort ist eine stilisierte Raubkatze oder ein Raubkatzenkopf zu sehen. Auf der Außensohle steht Flying Horse oder sie ist unbeschriftet. Materialangaben gibt es keine, aber dem Bericht des Korrespondenten nach sind sie aus Kunstleder, weniger gut verarbeitet, aber für die Zwecke robust genug. Auf Fotos oder in Videos fällt auf, dass die Kämpfer die Schuhe mitunter sehr locker schnüren, wobei die Zunge wie ein Schild vor dem unteren Schienbein steht und der Markenschriftzug von Servis gut zu sehen ist. In anderen Fällen sind die Schuhe enger geschnürt. Möglicherweise handelt es sich hier eher um die Kopien, vermuten könnte man es. Ältere Casio-Modelle, wie die F-11W Watch, die als perfekte Combat Watch gilt, sind ebenso gefragt. Sonnenbrillen im Ray Ban Look – die Marke ist selbst militärischen Ursprungs bzw. Armee-Ausstatter –, Stirnbänder, lange Haare und verschiedene Barttrachten geben einen merkwürdigen Mix ab.

Im Netz tauchten bei meiner Suche nach den Turnschuhen oder anderen Bekleidungselementen Fashion-News auf, die den Taliban-Look als hip propagierten. Im Gewand üblicher Stilfindungshilfen erhält man zum Beispiel Vorschläge, wie mit hochpreisigen Marken und High-Fashion-Produkten das Taliban-Outfit nachgekauft werden kann. Dass es in der Regel bei solchen Vorschlägen nicht um teurere, sondern um günstigere Alternativen geht, lässt sich vor lauter Überraschung schnell übersehen. Erst der Hinweis auf Satire rückt den Blick zurecht. Kommentator*innen hätten es noch lustiger gefunden, wenn der Tipp ausgeblieben wäre. Statt lustiger könnte man irritierender sagen. Denn durch die popkulturell fundierten Techniken wie Bricolage, Sampling und Mashup, die auch Mechanismus der Mode sind, setzt sich ausgerechnet das Bild einer neuen Kämpferklasse zusammen. Es erscheint mindestens so widersprüchlich wie die politischen Verlautbarungen ihrer Anführer. Durch die kulturelle Brille des Westens geschaut, offenbart sich ein performativ vorgetragener Clash von weich und hart, der in Splittern aus Ethno und Combat, Hippie, Hipster und Knarre daherkommt.

Möglicherweise zeichnet sich hier etwas ab, das Elke Gaugele und Sarah Held für europäische rechte Szenen als ästhetische Neuformierung eines erstarkten Autoritarismus beschreiben. Die Autorinnen indizieren eine bewusste Annäherung an Mainstream, Normcore und linke Kommunikationsguerilla. Über den Weg von Moden und Styles werden extrem rechte Gesinnungen popularisiert. Ich würde nicht so weit gehen, dies genauso für die Taliban 2.0 reklamieren zu wollen. Es zeigen sich allerdings ähnlich toxische Effekte, die nicht nur körperlich formulierte Zeichen für konkrete Gewaltbereitschaft sind, sondern die kulturelle Gewaltbereitschaft der Taliban verdeutlichen. ◆

SPORT

BOXEN OHNE KOPFTUCH

Christoph Ribbat

◆

Um den Ring herum stehen Pulks junger Männer in Sportswear. Der Ringrichter trägt Fliege, weißes Oberhemd und ein Deutschlandwappen über dem Herzen. Es ist schon peinlich, dass wir uns heute zum ersten Mal in unserem weit fortgeschrittenen Leben Boxkämpfe anschauen. Wirklich anschauen. Vor Ort. Noch peinlicher, dass wir mit Verspätung eingetroffen sind. So haben wir verpasst, wie Alice Backwell in der Klasse bis 54 Kilogramm Sadia Bramand besiegt hat. Ab jetzt werden bei diesem Berliner Meisterschaftsturnier nur noch männliche Boxer zu sehen sein.

Wir haben eine ungefähre Vorstellung davon, dass Schreibende, die sich dem Faustkampf nähern, Intensität suchen, die ihnen ihr sonstiges Leben nicht gibt. Und dass sie sich dabei gern in problematischen Fiktionen vom ultimativ Anderen verlieren. Wir haben aber auch mitbekommen, was Loïc Wacquant gezeigt hat, für die South Side von Chicago: dass das Boxen keine authentisch-impulsive Ghettopraxis ist, sondern aus einer Kultur der Strenge, der Selbstkontrolle hervorgeht.

Wacquant, Soziologieprofessor an der University of California, hat selbst Jahre lang geboxt, um diese Dinge herauszufinden. Er nennt das »fleischliche Soziologie«. Wir dagegen gucken nur und wissen noch nicht einmal, welcher der beiden gerade vor unseren Augen Kämpfenden – Aleksandar Bukriev oder Adam Artschakov – der bessere ist. Bukriev ist ein Stück größer als Artschakov. Das könnte, diese Meinung trauen wir uns zu, ein Vorteil sein. Wir bemerken, dass es sehr seltsam und ästhetisch unüberzeugend wirkt, wenn eine Faust das Gesicht treffen soll, aber nur in die Luft um das Gesicht herum stößt. Trifft eine Faust dann doch den Kopf, berührt uns das auf eine noch viel unangenehmere Art.

Bukriev gewinnt nach Punkten. Er wird uns noch beschäftigen. Aber weil wir so empfindsam sind, sinnieren wir jetzt erst einmal über das Licht in dieser Immobilie. Das gastgebende Sportzentrum, die Bruno-Gehrke-Halle, Spandau, mag in einem verfallenden Industriegebiet liegen (diverse scheinbar kaum profitable Autowerkstätten, ein bescheidenes Studio für »Brazilian Jiu-Jitsu«), hat aber fantastisch hohe Fenster. Durch sie fällt die Nachmittagssonne auf das Fischgrätparkett und auf Boxer, Ringrichter, Kampfrichter, Ringärztin und Publikum: Uns alle verwandeln diese Strahlen.

Allerdings ist die Illumination der Bruno-Gehrke-Halle längst literarisch bearbeitet, von einer Faustkämpferin. Früh in ihrer Autobiografie »Dream Big: Wie ich mich als Boxerin gegen alle Regeln durchsetzte« (Hanser, 2020) bemerkt Zeina Nassar den Spandauer Sonnenzauber: »Die Staubpartikel«, schreibt sie, »zirkulieren in der Luft und glitzern im Licht, irgendwie magisch.« Sie verliert ihren ersten Kampf, will aufgeben, macht doch weiter. Kommt zurück. Kämpft sich empor, wird Deutsche Meisterin. Ist nicht irgendeine Boxerin, sondern eine, die im Hijab kämpft, was die Autoritäten des Boxsports ihr erst verbieten und dann doch erlauben. Nassars Autobiografie führt zu triumphalen Momenten. Sie wird zur Nike-Werbebotschafterin ernannt (für den brandneuen »Nike Pro Hijab«), trifft LeBron James und Simone Biles und schafft es zwar nicht, sich für die Olympiade in Tokio zu qualifizieren, gibt aber, sagt sie, niemals auf, und schreibt, dass auch wir niemals aufgeben sollen.

Wie emanzipativ es ist, künftigen Frauengenerationen das Boxen mit Kopftuch zu ermöglichen? Dazu können wir nichts sagen. Wer sind wir denn? Wir haben uns an Nassars lebendigem Buch erfreut. Und das wäre ohne Hijab nicht entstanden. Ist eine solche Position untertheoretisiert? Wahrscheinlich. Jedenfalls steht jetzt in der roten Ecke Bernhard Rothweil vom Boxclub Roter Stern. In der blauen Ecke: Rahim Diallo, Viktoria 71. Sie gehen aufeinander los.

Diallo wirkt agiler, motivierter, Rothweil ein bisschen schwerfällig. Wer sich als Experte fühlt, das ist bei einem Zuschauer ein paar Stühle weiter definitiv der Fall, der ruft jetzt laut: »Schlaghand!« Oder: »Ring abschneiden!« Richtig weh haben sich Diallo und Rothweil bisher noch nicht getan. »Schlaghand!«, »Schlaghand!!« Die Glocke. Pause. Nun fallen unterschiedliche Techniken auf. In der roten Ecke nimmt der Betreuer das Handtuch mit zwei Händen an der oberen Kante, schwingt es hinauf und wieder hinab und sorgt so für die Frischluftzufuhr zum Athleten. In der blauen Ecke nimmt man das Handtuch in eine Hand, lässt es rotieren und ventiliert den Kämpfer auf diese Weise. Glocke. Ende der Pause. Diallo drängt Rothweil in eine Ecke, trifft und trifft. Jetzt verstehen wir, was »Ring abschneiden!« bedeutet. Glocke. Schwingendes Handtuch, rotierendes Handtuch. Glocke. Wir könnten »Schlaghand!«

schreien, um Kenntnisreichtum zu simulieren, aber der lautstarke Fachmann ruft nun: »Gerade Hände! Rahim! Gerade Hände!« Diallo ist deutlich im Vorteil. Aus der Nähe der blauen Ecke hören wir: »Kill him!« Das war sicher nicht so gemeint. Rothweil blutet. Der Kampf pausiert. Rothweil tritt an die Seile. Die Ringärztin leuchtet ihm mit einem Lämpchen in die Augen. Sie fragt ihn etwas. Rothweil nickt. Der Kampf geht weiter. Diallo wirkt weiterhin aufgekratzt, sein Gegner passiv. Glocke. Diallo wird zum Sieger erklärt. Rothweil macht einen Rückwärtssalto aus dem Stand und verlässt dann erst den Ring. Damit wollte er wohl etwas aussagen. Diallo zeigt für diverse Handys seine Muskeln und beißt auf die Medaille. Sie scheinen beide das performative Moment des Sports sehr zu schätzen.

Hinterher, zurück aus Spandau, werden wir erfahren, was für Leute hier wirklich zusammengekommen sind. Aleksandar Bukriev, das kann man online lesen, betrachtet die Mitglieder des Trainingszentrums Isigym, Potsdamer Straße, als seine Familie. Er ist zum Islam konvertiert und heißt jetzt eigentlich Hamza. Bernhard Rothweil hat mit seinem Boxclub Kuba besucht und die berühmte alte Sporthalle »Rafael Trejo« in Havanna renoviert. Neue Boxsäcke dort aufgehängt. Einen neuen Ring gebaut. Alice Backwell werden wir in der realen Welt begegnen, an einer Straßenecke in Schöneberg. An einem Stromkasten dort hängen zwei Plakate. Das linke wirbt für Madame Tussaud's, das rechte für die Kampagne »Lesbische* Sichtbarkeit in Berlin«. Backwell ist auf dem rechten Poster zu sehen. Sie lehnt in Boxmontur an einem Boxsack und schaut mit einem eine Spur ironischen Lächeln in die Kamera. Das Plakat verrät, dass sie einen Master in Public Policy hat und jetzt eine Ausbildung zur Gärtnerin macht.

Aber noch sind wir in der Halle. Das Licht wird nun weniger märchenhaft. Alikhan Bazlaev kämpft gegen Aykan Yilmaz. Leichtes Schwergewicht. »Geiler Kampf« sagt ein Betrachter. »Körper!« schreit jemand. Was bedeutet es, fordernd »Körper!« zu rufen, wenn gerade zwei offensichtlich vorhandene Körper im Ring aufeinander eindreschen? In den Pausen dieser Partie keine Luftzufächelung, sondern ausführliche taktische Unterweisungen. Schön, dass die blaue Ecke Aykan Yilmaz Wasser auf den Kopf träufelt und dann mit dem Schwamm noch einmal auf seinem Haupt hinterherwischt. Schön, dass der Kampf unterbrochen wird, weil Alikhan Bazlaevs Schnürsenkel offen sind. Die rote Ecke macht sie ihm zu. Alles ist schon über das Boxen gesagt, aber wir müssen wirklich noch einmal betonen, dass der Sport, der angeblich wie kein anderer für die absolute Individualisierung steht (zwei Einzelsportler gegeneinander, im existentiellen Duell) tatsächlich zahllose Gesten des Miteinanders und Betreuens hervorbringt. Umarmungen, Kopf tätscheln, Kopf abwischen, jemanden den Mundschutz aus dem Mund in die eigene aufgehaltene Hand spucken lassen, jemandem den Mundschutz wieder in den Mund stecken: jeder Kampf ein Fest intimer, unterstützender Kontakte. 2:1-Punktsieg für Yilmaz.

Als Bazlaev nach dem Kampf schweigend am Rande einer Männergruppe steht, sieht er zwanzig Jahre jünger aus als im Ring. Dort oben hat er wie Anfang dreißig gewirkt.

Wir sind jetzt nicht mehr ganz so konzentriert. Dass Melvin Kahrimanovic gegen Ibragim Adamov dominiert? Andere bemerken es. »Macht er jut, der Jugo«, sagt ein Zuschauer. Unser Blick schweift weg vom Ring. Wir beobachten Aleksandar Bukriev. Der steht schon eine Weile, nach wie vor in Boxhose und -hemd und die Medaille um den Hals, ein paar Meter von uns entfernt und macht Konversation. Mit diesem, mit jenem. Mit Boxern, Betreuern, Kumpels, Fremden. Ganz offensichtlich ist Bukriev eine Smalltalk-Maschine. Hier ein Handschlag, da ein Foto, da eine Umarmung, wieder ein Foto, wieder ein Handschlag. Sind das nicht Szenen wie aus einem Lehrvideo? »Post-Covid-Netzwerken für Fortgeschrittene«? Wir wissen genau, dass in zwanzig Jahren beim Weltwirtschaftsforum in Davos dieser Aleksandar/Hamza Bukriev an einem Konferenz-Imbiss-Stehtischchen lehnen und bei alkoholfreiem Champagner mit zwei Premierministerinnen kleiner, aber wirtschaftsstarker Nationen sowie Chimamanda Ngozi Adichie über die Zukunft der Welt parlieren wird. Zeina Nassar wird auch kurz hallo sagen – wenn sie nicht in wichtigere Gespräche vertieft ist.

Während diese Vision immer klarer wird, verkündet der Ringrichter Ibragim Adamovs Niederlage. Der Verlierer schleicht in die blaue Ecke. Später werden wir an Floyd Patterson denken, den amerikanischen Boxweltmeister, und an seine Autobiografie. Er schreibt darin, dass er sich als Kind selbst nicht mochte. Dass er deshalb einmal ein Porträtfoto von sich nahm und mit einem Nagel ein großes X auf das Gesicht kratzte. Er schreibt über seine Boxkarriere. Wie er bei einem Weltmeisterschaftskampf niedergeschlagen wurde, 1959, von Ingemar Johansson, und wie er auf dem Boden lag, zur Seite schaute, und durch die Seile hindurch auf John Wayne blickte, den im Publikum sitzenden Hollywoodstar, seinen Lieblingsschauspieler. Dass er dann aufstand, um weiterzukämpfen und sich dafür schämte, dass John Wayne ihn so gesehen hatte. Und dass er dann den Kampf verlor.

In Spandau steigt Ibragim Adamov aus dem Ring. Er richtet sich auf. Kommt die Treppenstufen hinunter. Aus einer Zuschauergruppe hört er anscheinend einen despektierlichen Kommentar. Mit seinem eindrucksvollen Körper gibt er zu verstehen, dass er diesem Kritiker eins auf die Nase geben wird und zwar jetzt gleich. Zwei Männer halten Adamov fest, stoppen seinen Vorwärtsdrang, drehen ihn weg, Richtung Ausgang. Frustgebeugt verlässt er die Halle. Das Turnier ist vorbei. Aber im Ring steht noch Aleksandar Bukriev. Man überreicht ihm einen Pokal. Er war, meint die Kampfleitung, der beste Techniker des Wettbewerbs. Strahlend nimmt er die Auszeichnung entgegen. ◆

ESSEN

VORBEMERKUNGEN ZU EINER THEORIE DES CHINESISCHEN SCHNELLRESTAURANTS

Torsten Hahn

◆

Eine der populärsten Küchen weltweit dürfte ›die chinesische‹, die es eigentlich nicht gibt, in ihren verschiedenen Ableitungen und internationalen Modellierungen sein. Die vielen Schnellrestaurants, die die entsprechenden Gerichte anbieten, präsentieren auf ihren Karten meist eine Mischung der acht als authentisch geltenden, regionalen Küchen Chinas (wie die aus Sichuan stammende Chuan-Küche, die aus Guangdong stammende Yue-Küche usw.). Zudem werden die Gerichte teils an die Geschmackspräferenzen angepasst, die je spezifische Art zu kochen wird also in eine andere Umwelt ›übersetzt‹. Darüber ergeht häufig das Verdikt, die Küche sei verfälscht, sekundär, nicht-authentisch. In Frage steht der Status der populären ›neunten‹ oder ›west-östlichen‹ chinesischen Küche.

Anders formuliert: Kann die Übersetzung überhaupt gelingen oder ist das Populäre nur der Abfall des Echten und Authentischen? Oder umgekehrt, positiv gewendet: Setzt nicht auch die ›neunte Küche‹ auf ihre Art die Philosophie der chinesischen Küche um – und unterläuft damit die Unterscheidung von authentisch/nicht-authentisch? Es geht somit um Distinktion, also das, was die gelungene chinesische Schnellküche besonders und anders als Fast-Food macht. Und damit auch um Aufmerksamkeit für das Besondere im Alltäglichen sowie den Grund, warum es besser ist, vor Ort zu essen (jenseits der sinnvollen Vermeidung von Plastikmüll). Ebenfalls ist damit die Frage aufgeworfen, warum die ernstgemeinte Beschäftigung mit diesen Dingen immer ein wenig lächerlich klingt, also warum Theorie/Philosophie und Küche irgendwie nicht zusammenzupassen scheinen. Es bedarf daher eines Umwegs, um den Weg in das Schnellrestaurant zu finden.

Die Vorstellung, dass es unlauter sein soll, sich theoretisch mit der Küche/dem Kochen auseinanderzusetzen, hat eine lange Tradition, die zu den Anfängen der westlichen Philosophie im engeren Sinne zurückreicht. Das Kochen war die erste Adresse, als es darum ging, den Unterschied von bloß scheinbaren und wirklichen Künsten, echtem und nur scheinbarem Wissen am Beispiel evident zu machen. So geht es in Platos Frühdialog »Gorgias« zunächst einmal darum, das wirkliche Wissen der Philosophie vom scheinbaren der Rhetorik zu unterscheiden. In dieser Prüfung wird auch die Kochkunst Thema, deren Status als Kunst im Dialog dialektisch geprüft wird. Sie wird schließlich auf die Stufe einer bloßen »Übung« verwiesen, »weil sie keine Einsicht hat von dem, was sie anwendet, was es wohl seiner Natur nach ist, und also dem Grund von einem jeden nicht anzugeben weiß«. Damit ist für die Philosophie der Fall zunächst einmal abgeschlossen: Die Kochkunst ist als »unverständig« bestimmt und deswegen keine »Kunst«, im Gegensatz zur »Heilkunst, deren bloßes »Schattenbild« sie sein soll – ebenso wie die Redekunst, als deren Stellvertreterin die Kochkunst hier fungiert, nur Schatten des wirklichen Wissens ist. Im Spätdialog »Parmenides« wird dann der ›Abfall‹ Thema: Dieser hat ebenso wenig wie das Kochen Teil an den Ideen – wer Gegenteiliges behauptete, läuft Gefahr, sich »lächerlich« zu machen, wie der im Dialog mit Parmenides unterlegene junge Sokrates zugeben muss.

Die Verbannung des Kulinarischen ist offenbar gründlich gelungen, wozu nicht zuletzt die Drohung, dass der, der es trotzdem versucht, in den Abgrund des Lächerlichen stürzt, beigetragen haben dürfte. Kochen ist letztlich ›grundloses‹ Herumwerkeln, das auf den Geschmack, aber nicht auf das, was die Dinge wirklich sind, achtet. Dies kann die Medizin – daher ist sie ›Wissen‹, das Kochen aber ›Nicht-Wissen‹ (schon hier wird klar, dass sich, richtet man den Blick auf China, die Sache verkompliziert, sind dort doch Kochen und TCM [Traditionelle Chinesische Medizin] mitunter auf das innigste verbunden). Wer nun meint, der Diskurs um das fehlende ›medizinische‹ Wissen von der Natur der Zutaten und ihrer Verbindungen sei insofern inzwischen ausgehebelt, als Restaurants wie das »El Bulli« bzw. der Trend der Molekularküche, Publikationen wie »perfektion. Die Wissenschaft des guten Kochens« oder Jürgen Dollase in seinen Publikationen (angefangen bei der leider eingestellten Kolumne in der »FAZ«) doch die Lebensmittel in ihre elementaren Bestandteile zerlegt und so den Makel der Unverständigkeit ausgemerzt hätten, unterschätzt das Immunsystem des westlichen philosophischen Diskurses. Denn um die Kunst als Kommunikation mit ästhetischer Dignität frei vom Sinnlichen zu halten, wurde die Möglichkeit, Kochen könne doch eventuell Kunst sein und dann in das Gebiet der Kunsttheorie fallen, durchaus in Erwägung gezogen, allerdings nur, um erneut zurückgewiesen zu werden. So um 1800 durch A.W. Schlegel in seiner Vorlesung zur »Kunstlehre«. Schlegel räumt zunächst ein, die Geheimnisse der Molekularküche vorwegnehmend, dass »durch Rückführung auf Chemie in der Kochkunst viel Neues entdeckt werden« dürfte. Dies ist nun aber keineswegs ein Argument dafür, dass die Reinigung des Ästhetischen vom Sinnlichen, die Kants »Kritik der Urteilskraft« explizit macht, indem gut gewürzte Gerichte unter das Angenehme eingeordnet und damit ironiefrei aus dem Reich des Geschmacks, im philosophischen Verständnis, ausgeschlossen werden, revidiert werden müsste. Vielmehr nutzt Schlegel seinen Hinweis auf die Entdeckung von Neuem im Bereich der Kochkunst für die Aufteilung in Künste einer- und Kunst andererseits – dort das nur Mechanische, Nützliche, Angenehme, hier das wahrhaft Poetische, mit dem sich eine kunsttheoretische Beschäftigung lohnt.

Ganz anders hingegen die ästhetische Tradition in China. In François Julliens »Über das Fade – eine Eloge. Zu Denken und Ästhetik in China« (1991/dt. 1999) lässt sich nachlesen, wie zentral hier der Diskurs um den Geschmack, das Saure, das Salzige, das Herbe und das Süße ist. Deren Erfahrung und die damit einhergehende Überwindung der Gegensätze, ihre Aufhebung in einer als Differenz gedachten Mitte ist zentral für das von Jullien vorgestellte chinesische Denken, das um den »›klaren‹ Geschmack« und die Überwindung der Dualismen, wie sie das westliche Denken strukturieren, kreist (worin selbstverständlich bereits angelegt ist, dass auch der West-Ost-Dualismus zu überdenken ist, wozu der »Divan« und – eventuell besser? – chinesische Schnellküche Medien sein können). Der »mittlere Weg« löst den Gegensatz von Dualismen wie »Existenz« und »Nicht-Existenz« auf, sie fallen in der Mitte des Geschmacks zusammen. In einer verwandten Variante ist diese Mitte der durch die Speise zu öffnende Raum eines »potentiellen Geschmacksgenusses«. Potentiell ist der höchste Geschmack im Sinne eines (aus westlicher Perspektive paradoxen) Fehlens, das zugleich die Eröffnung von Überschuss ist. Dieser »potentielle Wert, der sich nicht erschöpfen lässt und umso begehrenswerter bleibt, je mehr er sich dem Verzehr entzieht«, also präsent und absent zugleich ist, bildet das bloß mögliche Zentrum, das ungreifbar bleibt – und dennoch allen Unterschied macht. Dies ist gleichfalls Prinzip in Musik und Dichtung – also den Orten, die notorisch sind, wenn das westliche Denken einen Ausweg aus den ›modernen‹ (sensu Latour) ›Reinigungen‹ und dem binär strukturierten Diskurs sucht. Aber eben: gleichfalls. Ein Weg in das Potentielle führt durch den Ort, wo Speisen zubereitet werden: die Küche.

Dies lässt sich durchaus erfahren, z.B. in einem »China Express Restaurant«, dessen Name, »Herr Chen & Frau Li«, Ausdruck von ›Scherz, Ironie, Satire und tieferer Bedeutung‹ ist. Was diesen Ort ausmacht, der Chinesisch und Deutsch in seinem Namen zu einem höheren Jux verschmelzt, habe ich mich oft gefragt – und es ist diese Frage, auf die der vorliegende Text eine Antwort sein soll. Das kleine Lokal besteht aus einem Gastraum und einer offenen

Küche, das Interieur ist erwartbar, allerdings in seiner Zurückhaltung durchaus wohltuend: So fehlen die Sanxing, es gibt nur einen Glücksbuddha (Budai) aus Holz, Backstein und schwarze Ziegel, schlanke Holzgitter zur Trennung von Gang und Tisch. An der Wand dann noch drei Masken aus der Peking-Oper. Die Speisen verbinden die acht Küchen und sind dem europäischen Gaumen angepasst worden, ohne allerdings alle zentralen Vektoren, die das Gericht mit seinem Ursprung verbinden, aufzugeben. So ist der Sichuan-Teller zwar reduziert und an die nicht-chinesische Umgebung angepasst, allerdings zeichnet er sich noch durch die typische Säure aus, die aber hier auf jeden Fall dominanter als die leichte Schärfe ist. Verzichtet wird auf die Kombination von Sichuan-Pfeffer und Chili und somit die leichte Betäubung der Lippen mit gleichzeitigem Schärfeempfinden: das Taub-Scharf, ›mala‹, das diese Küche sonst auszeichnet und unverwechselbar macht, entfällt. Es gibt also Anklänge an Essen in Chengdu, aber ›authentisch‹ ist es sicherlich nicht. Zudem werden die Speisen auf Tellern gereicht, Schälchen gibt es nicht, weshalb auch Stäbchen wenig Sinn machen (auch wenn das nicht alle einsehen wollen). Zu allem Überfluss besteht das Besteck nicht einmal aus Gabel und Löffel, sondern ausgerechnet aus Gabel und Messer, womit das aufgelegt ist, was auf dem traditionell-chinesischen Tisch keinen Ort hat: das wohl westlichste Besteck, das man sich vorstellen kann. Man kann sich nun fragen, ob die auf chinesische Regionen spezialisierten Restaurants, mit Schälchen, Stäbchen usw., nicht notwendig besser sind als »Herr Chen & Frau Li« – die tatsächlich auf ihrer Karte auch Thai-Curries und ein Gericht mit Erdnusssoße aus der Niederlande-Indonesien-Schnittmenge präsentieren. Anders formuliert: Kann oder sollte man da reingehen, insbesondere wenn der Blick aus dem Fenster auch noch auf einen Ableger des »TopTop Donuts«-Franchise fällt – was Spekulationen über die Mitte, das Potentielle und die dekonstruktive Spur, die durch die Küche der Schnellrestaurants führt, zunächst einmal wenig förderlich ist.

Anders wirkt allerdings das unentwegte Geklapper mit Pfannen und Flaschen, das der Ambient-Sound des Ladens ist. Ein Blick auf »Herr Chen« belehrt über die Herkunft des Sounds: Pro Gericht werden eine Vielzahl von selbst mit Ölen und Seasonings befüllten Flaschen, deren ursprüngliches Label kaum noch erkennbar ist, zum Einsatz gebracht – und zwar in einer Reihenfolge, die vermutlich nur »Herr Chen« kennt. Aber auch dies erklärt noch nicht, warum das Essen in diesem Laden trotz der erwähnten Flaws funktioniert und der Raum gleichzeitig ein reales Schnellrestaurant und die Verräumlichung des potentiellen Geschmacks sein kann, wie oben behauptet. Dies bleibt solange ein Geheimnis, bis einem die mit jedem Kochvorgang sich wandelnde Atmosphäre klar wird. Der Teller korrespondiert zunächst einmal mit dieser Atmosphäre. Achtet man darauf, wird klar, warum die mildere Version etwa des Sichuan-Tellers Sinn macht: In seiner Korrespondenz mit einer Atmosphäre aus Sternanis, die entsteht und sofort wieder vergeht, wird das paradoxe Paar aus Mangel und Überschuss wirklich. Die Fülle fehlt und ist doch da; der Teller, so wie er ist, ist das Medium ihrer ephemeren Verwirklichung. Dafür, dass dies funktionieren kann, ist die offene Architektur des Schnellrestaurants und die unmittelbare Nähe zum Herd Voraussetzung. Es muss so nah sein, dass die Atmosphäre den Gast einhüllt, ohne – und dies gelingt hier vorzüglich – zu bleiben, wie der Geruch nach Fett es würde. Nicht zuletzt deswegen fällt der klassisch deutsche Imbiss aus und ist, was er ist: eine Pommesbude eben. Dieses ebenso plötzliche wie flüchtige Gelingen der Verschmelzung des Aktuellen mit dem Potentiellen und damit die Realisierung des ›höheren‹ Geschmacks ist die Kunst des chinesischen Schnellrestaurants. Die Dekonstruktion der Unterscheidung von Westlichem (das Besteck, die Teller, die zurückhaltende Schärfe, der fast gänzliche Ausfall des Bitteren) und Östlichem (die zur Atmosphäre um-modellierte Luft) geht vom Osten aus. Der von Jullien betonte Dualismus von ›Existenz‹/›Nicht-Existenz‹ ist hier freilich übersetzt: nämlich in ›Authentisch‹/›Nicht-Authentisch‹. Es geht dabei nicht darum, das Nicht-Authentische zu loben und so die Differenz zu festigen, diesmal nur mit umgekehrten Vorzeichen. Was das chinesische Schnellrestaurant vorführt, ist vielmehr die Möglichkeit, die Unterscheidung in Gänze zu verabschieden. Dies kann natürlich nur vor Ort funktionieren; es ist ein ganz und gar lokales Phänomen. Wird das Essen geliefert und damit aus der Atmosphäre gerissen, verfliegt auch der Zauber der Dekonstruktion. Allerdings sorgen die Bestellungen bei Lieferdiensten für mehr Aktivität und damit auch für mehr und sich schneller ablösende Atmosphären – insofern ist die neue, große Freude am Bestellen für den, der im Schnellrestaurant isst, tatsächlich ein Gewinn – und dies vermutlich exklusiv. ◆

EVENT

JAMES TURRELL, SPRENGEL MUSEUM

Joshua Groß

◆

Einige Jahre habe ich an einem Skisprung-Roman gearbeitet, der höchstwahrscheinlich »Prana Extrem« heißen wird. Obwohl sich die Geschehnisse hauptsächlich in einem kleinen Ort bei Innsbruck zutragen, wollte ich eine Ausstellung des kalifornischen Künstlers James Turrell beschreiben bzw. als seelenlandschaftlichen Handlungsort nutzen können. Turrell, der 1943 geboren wurde, ist bekannt für seine raumfüllenden Lichtinstallationen, die bewusstseinsverändernd wirken, weil sie die menschliche Wahrnehmung herausfordern (i.S.v. überwältigen oder erschrecken), gleichzeitig aber umfassende Seligkeitszustände ermöglichen. Das Licht wird bei Turrell zum Material, indem es hochkonzentriert inszeniert wird, anstatt andauernd und überall und blendend zu sein; das Licht wird freigestellt, transplantiert aus seiner tagtäglichen Allverfügbarkeit. So werden die Präkonfigurationen des Sehens spürbar. Mich hat bei den Dokumentationen, Bildern und Clips schon immer beeindruckt, dass die Werke von Turrell trotz ihrer maßlosen Künstlichkeit eine solch spirituelle Ehrfurcht erwecken. Oft hatte ich den Eindruck, die Besucherinnen würden sich einer von außen aufgezwungenen Meditation hingeben, ergriffen, trotz des Wissens um die Konstruiertheit der Situation.

Ich selbst hatte noch nie eine Turrell-Ausstellung gesehen, als ich meinen Roman schrieb. Ich stellte mir allerdings oft vor, was mit mir geschehen würde, sollte ich so einen pink schimmernden, unendlichen Lichtraum betreten dürfen. Meine (finanziell) größte Turrell-Anstrengung war am Black Friday 2020 passiert, als ich es mir zugestanden hatte, angestachelt vom kapitalistischen

James Turrell © Instagram

James Turrell © Instagram

Konsumglimmern, für 150 Dollar den vergriffenen Katalog zur Turrell-Retrospektive, die 2013 im Los Angeles County Museum of Art stattfand, antiquarisch aus Denver zu bestellen. Wochen später kam das dicke, überformatige Buch bei mir in Braunschweig an und ich war sehr zufrieden.

In meinem Roman heißt es u.a.: »Die Ausstellung von James Turrell hatte die Innsbrucker Kunsthalle in einer ehemaligen Industriehalle bei Telfs organisiert. Während eine Hälfte der Halle komplett eingemauert worden war, um eine Lichtinstallation einrichten zu können, waren in der anderen Hälfte das Dach und die Wände zurückgebaut worden; stattdessen befand sich darin jetzt ein sogenannter Sky Space.« Der Erzähler und seine Freundin fahren mit einem schwarzlackierten SUV an einem verregneten Vormittag nach Telfs. Es ist Mai, das Inntal glitzert. Dichte Dunstfelder hängen im Gebirge. Schließlich betreten die beiden Figuren die Ausstellung, sie sind die einzigen Besucherinnen: »Wir brauchten kurz, um anzukommen. Keine Bilder, keine Gegenstände, keine Horizonte. Nur Licht; traumrosa, internetrosa, was spürbar ins Purpurne schwappte oder überging, ganz langsam wurden wir davon umhüllt. Alles war gleichmäßig und strukturlos. Woher das Licht kam, war nicht wichtig. Ich fühlte meine eigene Auflösung in der Welt; ekstatische Zeit, die herausbrach aus der Linearität.«

Das ist jetzt aber nur die Vorgeschichte, die allerdings entscheidende Auswirkungen auf das hier beschriebene Ereignis hat. Im Sprengel Museum in Hannover gibt es einen Raum mit vier Werken von Turrell. Ich nahm mir vor, dorthin zu fahren, zwischen Konferenzen und Lesungen, um zum ersten Mal selbst eine Ausstellung von Turrell in echt begehen zu können. Nachdem ich das entschieden hatte, entspann sich eine pandemieübliche Verkomplizierung der Umstände. Immer, wenn es mir möglich war, nach Hannover zu fahren, rief ich um 10 Uhr im Sprengel Museum an, um zu erfragen, ob es heute möglich sei, den Turrell-Raum zu besuchen; aufgrund einer Krankheitswelle oder anderweitiger Notlagen konnte häufig kein Aufsichtspersonal abgestellt werden, sodass ich ein ums andere Mal vertröstet wurde. Ende November 2021 stellte ich mich drei Stunden in eine Warteschlange im Braunschweiger Einkaufszentrum, um mich vom mobilen Impfteam boostern zu lassen. Das bekam mir nicht gut. Ich hatte mehrere Tage heftiges Kopfweh und Fieber, bis nur noch ein eigenartiger Schmerz im unteren Teil meiner Wirbelsäule übriggeblieben war. Am 24. November schrieb ich entgeistert in mein Notizbuch: »War eine schlimme Nacht, habe (mich wälzend) bis 6.15 Uhr geschlafen, keine Erinnerungen an die Träume, nur das Gefühl von ontologischem Wanken ist geblieben, ganz langsames Hin- & Herschwanken des ganzen Existenzempfindens, als hätte mich die Lebenskraft immerzu ein bisschen zu den Seiten verlassen wollen & sei aus mir herausgeschwappt.« Am Sonntag darauf war ich wieder halbwegs beisammen. Ich rief im Sprengel Museum an, wo die Frau an der Kasse längst meine Stimme erkannte. Sie sagte, ich könne kommen. Also radelte ich schnaufend zum Bahnhof und setzte mich in den InterCity, meine Wirbelsäule pulsierte unwirsch in meinem Becken und insgesamt war ich nicht letztgültig bei Kräften.

In »High Weirdness. Drugs, Esoterica, and Visionary Experience in the Seventies« untersucht Erik Davis anhand der Schriftsteller Philip K. Dick, Terence McKenna und Robert Anton Wilson den Umgang mit spirituellen und psychedelischen Ereignissen – Begegnungen oder Begebenheiten, in denen unsere rationale Weltsicht radikal angegriffen wird –, vor allem ihre danach einsetzende sprachliche Reflexion. Erik Davis argumentiert, dass extranatürliche Erfahrungen sowie ihre kulturelle Kodiertheit in einer kausalen Verbindung stehen und immerzu aufeinander einwirken. Das Problem des pragmatischen Umgangs sei dabei inhärent: das eigene, interpretative Beschreiben extranatürlicher Ereignisse ist immer vorgeformt bzw. mitgeprägt durch die Texte und Erfahrungsberichte, die es von ähnlichen Gegebenheiten bereits gibt. Die Beschreibungen extranatürlicher Ereignisse müssten also ihrer konstruktivistischen Enge entwischen, um das Erlebte adäquat einzufangen oder nachzukreieren. Im InterCity nach Hannover fragte ich mich, wie meine Ausstellungserfahrung davon vorgeformt sein würde, dass ich bereits beschrieben habe, wie eine Turrell-Ausstellung auf die Besucherïnnen wirkt, obwohl ich es nur spekulativ angenommen hatte bzw. erfunden auf der Basis meiner Auseinandersetzung mit kunstkritischen Essays, YouTube-Kommentaren und Interviews. Ich fragte mich, ob dieser von Erik Davis beschriebene Loop nicht unweigerlich einsetzen müsste, weil ich beim Schreiben von »Prana Extrem« längst entschieden hatte, welchen Eindruck die Kunst von Turrell auf mich machen würde. Timothy Leary weist in seinem Buch »The Psychedelic Experience« darauf hin, dass Drogentrips gewissermaßen vorprogrammiert werden könnten, da die psychedelische Erfahrung per se eine hochgradig reflexive Dynamik habe: Die individuelle Erwartungshaltung und Intention tragen mitsamt unbewusster Vorgänge sowie der Umgebung entscheidend bei zur Wirkung der Droge. Menschen sind quasi auch nur Feedbackschleifen zwischen Erwartung und Ereignis. Was würde meine Wirbelsäule zu tun haben mit meiner Turrell-Erfahrung? Was würde mein zugespachteltes Hirn überhaupt noch zulassen?

Es waren die Tage des ersten Schnees, es war der erste Advent. Ich ging in einem schwarzen, zerschlissenen Daunenmantel, den meine Partnerin ausgemistet hatte, unter Weihnachtsbeleuchtung durch die graue Innenstadt Hannovers. Ich passierte Polizistïnnen mit Maschinengewehren und riesige, militärisch angemalte Nussknacker. Dass ich zum Sprengel Museum lief, kam mir, nach diesen seltsamen Wochen des Aufgeschobenwerdens und der Proflexionen, selbst schon extranatürlich vor. Mir war fast bang deswegen. Ich dachte, dass es nur enttäuschend werden könnte. Laut der Religionswissenschaftlerin Ann Taves wirken Ereignisse aus zwei Gründen extranatürlich: entweder erscheinen sie ideal (idealtypische Harmonie, idealtypisches Grauen, etc.) oder sie wirken wie Anomalien im Realitätsgefüge. Ich habe mir die Werke von Turrell wie eine Kombination dieser Aspekte vorgestellt; ich dachte mir, mich in einer Turrell'schen Lichtinstallation aufzuhalten, würde sich anfühlen wie eine ideale Anomalie, zenmäßig und außerirdisch zugleich. Ich kaufte mir eine Eintrittskarte und schritt durchs Museum, andächtig, um kein Aufsehen zu erregen, aber auch nervös. Ich schaute mir relativ achtlos an, was sonst ausgestellt war, wobei ich den meisten Werken gegenüber ein schlechtes Gewissen hatte. Dann gelangte ich endlich zum Turrell-Raum. Ich brauchte kurz, um anzukommen. Der Mann, der Aufsicht hatte, musterte mich, als ich in den abgedunkelten Raum trat. Zweimal ging ich verwirrt zurück zum Eingang, um die Einführungstexte zu lesen, wobei ich bemerkte, dass sie mich nicht sonderlich interessieren. Drei der Werke waren für mich weniger bewusstseinserweiternd, als ich es mir erhofft hatte, das gebe ich unumwunden zu; u.a. eine telefonzellengroße Kabine, in der man seinen Kopf in eine weiße Wölbung hält und manuell die Lichtverhältnisse regulieren kann. Aber man wird weniger vom Licht umhüllt als ich angenommen hatte. Man betrachtet das Licht eher, als dass man von ihm eingenommen wird. Was ich als »traumrosa« und »internetrosa« beschrieben habe, kann man hier selbst zusammenmischen. Wobei man allerdings steht. Ich hatte gedacht, man würde in einem Liegestuhl quasi floatend in eine ferne, rosafarbene Galaxie abdriften, auch wenn ich bekenne, dass meine Vorstellungen wahrscheinlich ein bisschen übertrieben waren. Die Vorstellung ist sehnsüchtiger oder extremer oder extranatürlicher, auch weil man Störfunktionen nicht mitbedenkt: man denkt nicht an andere Besucherïnnen, die belastende Gespräche führen, man denkt nicht daran, dass die Tür schlecht schließt und deswegen verschiedenste Sounds in die eigene Wahrnehmung eindringen, man denkt nicht ans Aufsichtspersonal, von dem man beobachtet wird, man denkt nicht daran, dass Handys vibrieren können. Außerdem: wenn man an eine Ausstellung denkt, denkt man an eine Ausstellung. Wenn man aber in einer Ausstellung steht, denkt man vielleicht daran, dass man seine Mutter zurückrufen sollte, die es schon mehrmals versucht hat. Nichtsdestotrotz lief ich schließlich einen schmalen Gang entlang und erreichte einen abgekoppelten Raum, an dessen gegenüberliegender Wand ein pink schimmerndes, rechteckiges Farbfeld zu sehen war. Das Werk heißt »Slow Dissolve«. Ich war alleine. Ich setzte mich auf eine Bank und betrachtete das Farbfeld, das sich zweidimensional selbst zu prophezeien schien. Meine Wirbelsäule schmerzte. Auch wenn mein Besuch anders verlief als ich es mir gewünscht hatte, war ich beeindruckt von der Ruhe, die von der pinken Farbe ausging. Ich dachte nicht mehr, sondern hockte einfach da und schaute. Zwei weitere Besucherïnnen traten ein. Die Frau setzte sich ebenfalls auf die Bank, aber der Mann ging nach vorne zu dem leuchtenden Farbfeld. Ich nahm wahr, wie er sich der Fläche näherte. Ich nahm es hin. Plötzlich tauchte er seinen Kopf ins Pink. Ich war elektrisiert und verstört. Ekstatischer Raum, der herausbrach aus der Linearität. Der Mann beugte sich weiter vor, sein Oberkörper kippte fast ins Bild. Ich grinste glücklich und lädiert, weil ich mich, obwohl ich intensiv vorbereitet gewesen war, komplett hatte austricksen lassen. Jenseits des pinken Rechtecks befand sich ein weiterer lichtdurchfluteter Raum. Der Effekt wird von Turrell »Ganzfeld« genannt: der totale Verlust von Tiefenwahrnehmung. In der Distanz fiel der pinke Raum in sich zusammen. Sobald die beiden Besucher*innen weg waren, ging ich selbst nach vorne und blickte halb eingetunkt in das Farbfeld, dessen Ausmaße ich jetzt anhand einiger Kanten erahnen konnte. An einer Stelle seines Buches spricht Erik Davis davon, einen unvollständigen Konstruktivismus zu betreiben, da extranatürliche Ereignisse eine solche unmittelbare Kraft haben können, dass die Vorprogrammierungen gesprengt werden. Ich glaube, nach diesen Momenten gilt es zu suchen. ◆

INTERNET

STÄDTEPUZZLES IN FEUILLETON UND FEED

Oliver Ruf / Christoph H. Winter

◆

Wien im Mai 1893. »In einer engen, kühlen Gasse, die den Verkehr zwischen Tuchlauben und dem Wildpretmarkte vermittelt« steht dort das »Bierhaus Winter«, »durch dessen gastliche Pforte schon mancher brave Mann seinen Durst getragen hat.« Die Stimmung im Bierhaus ist ausgelassen. Das mag am ausgeschenkten Bier, dem »geistige[n] Getränke schlechthin«, liegen, das »ohne bestimmte Grenzen getrunken werden« kann und dessen »dialektische Begabung, Widersprüche abwechselnd hervorzurufen und zu schlichten«, d. h. »den Durst zu stillen und ihn wieder zu wecken«, ein illustres Publikum anzieht. So bildet sich ein Stammtisch, »der sich wie eine eigene Institution des Winterbierhauses durch geraume Zeit erhalten hat.« Da sind der hohe Regierungsbeamte, der »sich mit halb Wien auf den Duzfuß stellte«, ein »Professor der Geschichte«, der »zu den lebenslustigen Töchtern des großen Karl in einem intimen geschichtlichen Verhältnisse stand, kraft dessen er von ihnen Geschichten zu erzählen wusste, die dem christlich-germanischen Ideal des Mittelalters nur zum geringsten Teile entsprachen«, ein Architekt, »den man seiner Gestalt wegen den kleinen Oberbaurat nannte« und der einmal, »als er zur Wölbung der Decke des Zimmers aufsah [...] seine Ansichten über den Einfluss gewölbter Räume auf die Gemütsentwicklung des Menschen [entwickelte]«, ein Professor der Ästhetik und viele andere mehr. »An dem Stammtische beim ›Winter‹ nahmen die heterogensten Menschen Platz«, resümiert Ludwig Speidel, der all dies in dem in der »Neuen Freien Presse« erschienenen Feuilleton »Ein Wiener

Stammtisch« festgehalten hat. Das, was die Zusammenkünfte in jenem Wiener Bierhaus im Kern ausmacht, ist das Gespräch, die Unterhaltung. Diese, so Speidel, »beruht ja auf der Verschiedenheit und, bei sonst gleicher humaner Gesinnung, auf der Reibung der Geister, wobei Funken springen, die nur leuchten, vielleicht auch prickeln, aber nicht brennen.«

Einige Jahre später und etliche Kilometer nördlicher fokussiert der Feuilletonist Bernard von Brentano in der »Frankfurter Zeitung« das Geschehen in der deutschen Hauptstadt: »Es ist in Berlin eben unmöglich, das nackte Leben nicht zu sehen. Der Tod geht wie ein Besatzungssoldat durch die Straßen.« In einer derart »von Leben und Ereignissen erfüllten Stadt« sei es unmöglich zu leben, »ohne eine glatte und widerstandsfähige Oberfläche zu haben, an der wie Wasser an einer Glaswand alles herunterläuft, was anderswo sogar einen Regenschirm durchlöchert.« So anders sei Berlin, dass »es keine Berufe mehr« gebe, die einer ausfülle; vielmehr arbeite man, was man könne, und bleibe immer, was man darstelle. Beschrieben wird hier jener Berliner ›Mentalitätszustand‹, der auch heute noch das Leben und Arbeiten in der deutschen Hauptstadt prägt: »Niemand in Berlin scheint sich um Berlin zu kümmern«, heißt es dort, der »Fehler von gestern wurde eine Tugend von heute.« Von Brentanos Beschreibungen und Analysen der deutschen Metropole münden schließlich in der vielsagenden Feststellung: »Wie das Herz nicht fühlt, sondern schlägt, so ist Berlin eben nicht lieb, sondern es wächst.«

Inspiriert von Vorbildern in der französischen Presse sind Stadtbeschreibungen wie diese, Feuilletons, Plaudereien und Flanerien bis in die 1930er Jahre selbstverständlicher Teil kulturjournalistischer Kommunikation. In überregional erscheinenden Zeitungen wird Autoren wie Speidel, Kürnberger und Spitzer oder von Brentano, Roth und Kracauer der Platz eingeräumt, scheinbar anlasslos über das Geschehen im urbanen Raum zu berichten und sich diesem damit schreibend anzunähern, sich ihn anzueignen und nutzbar zu machen: ihn zu kultivieren. Dabei wissen diese Autoren selbstredend, dass ›ihre‹ jeweilige Stadt nicht im Kollektivsingular existiert; ›die‹ Stadt gibt es nicht. Stattdessen existieren innerhalb eines Stadtraums heterogene Milieus, in denen sich verschiedenartige Szenen ereignen, die wiederum differenzierte Befunde evozieren und divergente Rückschlüsse erlauben. Denn derartige feuilletonistische Beobachtungen und die damit verbundenen Reflexionen sind Teile eines Puzzles, das gleichsam im Kopf der Leserinnen und Leser entsteht. Dieses setzt sich aber nicht nur aus Feuilleton-Texten zusammen, sondern auch aus Versatzstücken der eigenen und den Erfahrungen anderer, aus Filmsequenzen, Romanpassagen und Imagekampagnen, aus wirtschaftlichen, juristischen und politischen Entscheidungen, usf. – kurz: Das jeweils individuelle Puzzle einer Stadt entsteht durch die individuell präferierten Wahrnehmungsmuster und Gestaltungsmöglichkeiten ihrer Nutzerinnen und Nutzer, mithin aus einer spezifischen stadtkulturellen Ästhetik.

Martina Löw nennt dieses Puzzle in ihrem Buch »Soziologie der Städte« (2010) die »Eigenlogik einer Stadt«, und obwohl sich unter den Vorzeichen von Globalisierung und Gentrifizierung vor allem die Innenstädte, d.h. jene urbanen Räume, die als Märkte schon immer insbesondere dem ökonomischen Geschehen verpflichtet waren, einander zunehmend ähneln, entwickeln unterschiedliche Städte naturgemäß auch unterschiedliche Eigenlogiken. Zweifellos lässt sich auch für andere Städte als für das Wien des Jahres 1893 festhalten, dass sich bierselige Herrenrunden zum Zechen in Wirtshäusern zusammenfinden, und zweifelsohne lässt sich in gleicher Weise feststellen, dass Berlin weder damals noch heute die einzige Großstadt ist, deren ›Aussehen‹ Baustellen, idiosynkratische Erwerbsbiografien, zwischenmenschliche Kälte und Melancholie kennzeichnen. Dennoch (und vielleicht auch deswegen) prägen Vorstellungen von der sprichwörtlichen Wiener Gemütlichkeit und/oder der metropolitanen Hektik Berlins bis in die Gegenwart die ›Bilder‹ der Städte – insbesondere in den Köpfen derjenigen, die explizit nicht in ihnen leben.

Die Idee, jenen urbanen Raum durch Beobachtung und Beschreibung feuilletonistisch zu erschließen, hat sowohl die gedruckten als auch die digital erscheinenden Zeitungen längst verlassen. Es ist nicht länger das Privileg von Feuilleton-Autorinnen und Autoren, sich flanierend durch die öffentlichen wie halböffentlichen Räume der Stadt zu bewegen, um daran anschließend das Gesehene und Erfahrene im jeweiligen Medium zu elaborieren und darauf im Kommunikationsraum Zeitung zu publizieren. In den Social Media haben die Nutzerinnen und Nutzer ebenso viele Möglichkeiten, die Eindrücke zu veröffentlichen, die sie im Verlauf von Erkundungstouren im städtischen Raum subjektiv sammeln. Die Verschlagwortung mittels Hashtags erhöht dazu die Sichtbarkeiten der jeweiligen Beiträge, indem jene den Algorithmen als für spezifische Zielgruppen interessant empfohlen werden.

Einen der interessantesten Accounts, der sich vornehmlich mit der Stadt Wien beschäftigt, betreibt Thomas Harbich, der unter dem Namen @Tom_Harb twittert. Die dazugehörigen Tweets lauten beispielsweise: »Die Station Schottentor ist die einzige Station in Wien, bei der vier Straßenbahnlinien aufeinandertreffen, deren Liniennummern Primzahlen sind. Nirgendwo sonst in Wien treffen so viele Primzahl-Straßenbahnlinien an einem Ort aufeinander. #WienFakt« oder: »Um die Fläche des Wiener Stadtgebietes vollständig mit Mannerschnitten zu bedecken, bräuchte man grob gerundet rund 498 Milliarden Schnitten.« Er fügt hinzu: »Berechnet sind es 498.043.217.286,92 Stück. #WienFakt«. Harbichs Kanal ist abonniert auf jenen Phänomenbereich des Faktischen, den manche womöglich als ›unnützes Wissen‹ diffamieren würden. Die Information etwa, dass die »Grenze zwischen Österreich und Liechtenstein« nur »rund knapp 18-mal länger« sei »als die Liechtensteinstraße am Alsergrund«, mag zwar auf den ersten Blick absurd oder abwegig erscheinen; bei näherer Betrachtung jedoch erweist sie sich als eines von vielen Puzzleteilen, die daran beteiligt sind, den Stadtraum Wiens en detail zu vermessen und die Ergebnisse dieser Erkundungen in Unterhaltsamkeiten zu übersetzen. So erfährt man, dass »die am nördlichsten gelegene Sirene Wiens sich in Floridsdorf am Dach der Feuerwache/Gruppenwache Strebersdorf am Strebersdorfer Platz 1« befinde oder dass mit »Stand 01.01.2021 49 Personen in Wien hauptgemeldet« waren, »die auf Mauritius geboren wurden«. Manchmal verbergen sich hinter den Tweets ganze Schicksale: »Im Jahr 2020 traten insgesamt zwei Personen zur Lehrabschlussprüfung zum/zur Waffen- und Munitionshändler*in an. Eine*r der beiden Prüflinge bestand die Prüfung.« Und nicht selten unternimmt Harbich Exkurse in die Stadtgeschichte: »Bei seiner Eröffnung im Jahr 1914 verfügte das heutige Jörgerbad nicht nur über solche – für damalige Verhältnisse – Besonderheiten wie Wannen- und Dampfbäder, sondern es gab auch Räume, die eigens für Frisöre und ›Hühneraugenschneider‹ bereitgestellt wurden.« Selbstverständlich profitieren diese Beiträge von der Kuriosität des Berichteten. Darüber hinaus aber erzählen sie die Geschichte(n) der Stadt Wien. Gerade diese Exkurse in die Stadtgeschichte eignen sich hervorragend dazu, das historische und das gegenwärtige Wien miteinander zu vergleichen und dadurch den historischen und den gegenwärtigen Stadtraum miteinander zu parallelisieren. Ein anderer Tweet, den Harbich um eine historische Abbildung ergänzt, erinnert an die Dreharbeiten für den Film »Der Todesritt auf dem Riesenrad« (1914; Abb. 1), während derer die Artistin Solange d'Atalide auf ihrem Pferd sitzend eine Runde auf dem Dach einer Gondel des Riesenrads im Prater gefahren ist. An anderer Stelle werden die Followerinnen und Follower Harbichs darüber informiert, dass die erste öffentliche, elektrisch betriebene Uhr Wiens sich auf dem Arthaberbrunnen im 10. Wiener Gemeindebezirk Favoriten befindet (Abb. 2).

Abb. 1

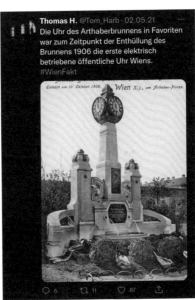

Abb. 2

Derartige Tweets, die sich in den Feeds der Nutzerinnen und Nutzer erfahrungsgemäß zwischen so variantenreichen Themen wie Sportergebnissen, Politikkommentaren, Tierbildern und Akademikerwitzen eingliedern, aber auch agglomeriert auf der Seite Harbichs gelesen werden können, mögen die Wahrnehmung Wiens als Stadt bzw. das Bild, das von Wien in den Köpfen vieler existiert, nicht radikal verändern. Vielleicht aber tragen sie dazu bei, ›die Stadt‹ neu zu perspektivieren, zumindest aber den Blick auf sie zu verändern: Jeder mag Wiens Riesenrad kennen, aber wer weiß vom lebensgefährlichen Ritt Solange d'Atalides?

In Berlin widmet sich – auf Twitter und auf Instagram gleichermaßen – ein anderes Projekt ebenfalls dem Kuriosen und scheinbar Nebensächlichen innerhalb des Stadtraumes. Der Kanal ›notesofberlin‹ sammelt und veröffentlicht jene kleinen Mitteilungen, Notizen und Beschimpfungen, die sich die Berlinerinnen und Berliner gegenseitig in ihrer Stadt hinterlassen. Hinter dem Projekt verbirgt sich der Fotograf und Blogger Joab Nist, der auf der Suche nach seltsamen, liebenswürdigen oder wütenden Zetteln den Stadtraum Berlins durchkämmt und die herausragendsten Fundstücke veröffentlicht. Inzwischen betreibt Nist dieses Projekt nicht mehr allein, sondern kann auf die Augen und Smartphonekameras seiner Followerinnen und Follower zählen, die ihn unermüdlich mit Material versorgen. Unter den ›Notes of Berlin‹ finden sich reumütige Botschaften, die von den Entgleisungen der letzten Nacht erzählen (Abb. 3), liebevolle Hinweise auf blinde-taube Igel (Abb. 4), in Treppenhäusern angebrachte Aufforderungen, leiser Sex zu haben (Abb. 5), philippikanische Tiraden, die Fahrraddiebinnen oder -dieben chronische Magen-Darm-Infekte wünschen (Abb. 6), oder Bemerkungen, die von den Einpark- auf die Beischlaffähigkeiten schließen (Abb. 7). Jeder dieser Beiträge ist mit kurzen Kommentaren versehen, die den jeweiligen Botschaf-

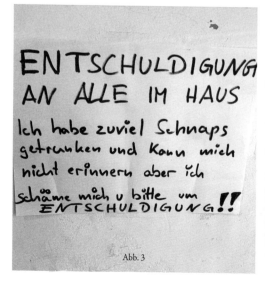

Abb. 3

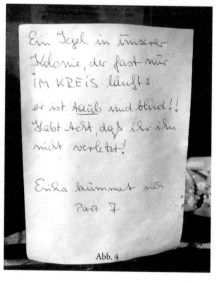

Abb. 4

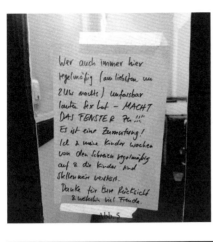

Abb. 5

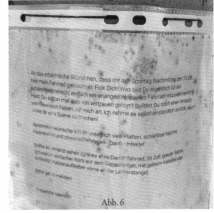

Abb. 6

Abb. 7

ten eine weitere, meist ironische Ebene hinzufügen. Außerdem werden sie über die Geo-Tagging-Funktion der Instagram-App und die zusätzliche Angabe von Ort und Bezirk im Stadtraum verortet; falls notwendig, wird den Einsenderinnen und Einsendern des betreffenden Fundstücks gedankt.

Indem die ›Notes of Berlin‹, die inzwischen (genauso wie die Feuilletons Speidels oder von Brentanos) auch in Buchform vorliegen, jene Zettelbotschaften in die Interaktionsräume der Social Media transportieren, die in Hauseingängen und vor Wohnungstüren wenn überhaupt, dann nur situativ zugänglich waren, parallelisieren sie – analog zum #WienFakt-Projekt Harbichs – den halböffentlichen und manchmal auch den privaten Stadtraum mit dem öffentlichen. Sie ermöglichen einen Einblick in die Tonalität der verschiedenen Milieus, die sich innerhalb dieses Raums gebildet haben, und sind dann besonders unterhaltsam, wenn sie vom Aufeinandertreffen der verschiedenen Milieus zeugen. Gleichzeitig wirken sie als eine Art Verstärker des viel beschworenen ›Sounds der Stadt‹, der – mal raubeinig und grob, mal liebenswürdig und versöhnlich – von ihren Nutzerinnen und Nutzern geprägt wird.

Die gedruckt erscheinenden Feuilletons von Speidel und von Brentano verfolgen – genauso wie die in die Feeds der Social Media eingespeisten Projekte von Thomas Harbich oder Joab Nist – im Gesamten das Ziel, auf die Wahrnehmung des Stadtraumes einzuwirken: auf das, worauf er verweist. Implizit scheinen sie im Zuge dessen eine zentrale Frage zu stellen: Was ist die Stadt? Ist sie ein architektonischer Raum; sind es die Gebäude und Straßen, Parks und Denkmäler, die den Charakter einer Stadt prägen? Ist sie ein sozialer Raum; sind es die Menschen, die mit ihren Einstellungen und Verhaltensweisen auf das Zusammenleben in einer Stadt Einfluss nehmen? Ist die Stadt ein politischer Raum, der von den verschiedenen Normen und Regimen gestaltet wird, die das Zusammenleben in der Stadt regulieren? Ist sie ein ökonomischer oder ästhetischer Raum?

Folgt man den Überlegungen Michel de Certeaus, hängen die Antworten auf diese Fragen von den konkreten Nutzungspraktiken und Haltungen ab, die die beteiligten Akteurinnen und Akteure gegenüber dem urbanen Raum entwickeln. »Insgesamt«, schreibt de Certeau in »Kunst des Handelns« (»Arts de faire«, 1980), »ist der Raum ein Ort, mit dem man etwas macht.« Die Art und Weise, wie die Nutzerinnen und Nutzer der Stadt sich in ihr bewegen, und die Spuren, die diese Bewegungen hinterlassen, entscheiden in jedem Einzelfall aufs Neue, was die Stadt ist respektive sein kann. Einigermaßen fest steht nur, dass sich das Resultat dieser Nutzungsweisen dynamisch verändert und stetig aktualisiert. Es handelt sich deshalb bei den gezeigten Beispielen um Momentaufnahmen dessen, was morgen schon ganz anders in Erscheinung treten dürfte. Da die Darstellungsweisen des Städtischen nicht nur, aber in besonderem Maße in der jeweiligen Stadt selbst zirkulieren, sind sie, so gesehen, fluid und wirken auf genau jenes Stadtbild und dessen Wahrnehmung ostinat zurück, für das sie angetreten sind, es festzuhalten. ◆

FILM

KLEINE WELTEN

Dietmar Kammerer

◆

Der Schauspieler Kevin Bacon, bekannt aus Filmen wie »Footloose«, »JFK« oder »X-Men: First Class«, ist ebenfalls bekannt für ein Partyspiel, das seinen Namen trägt: »Six Degrees of Kevin Bacon«. Ziel ist, jede beliebige Schauspieler*in auf möglichst kurzem Weg mit Kevin Bacon zu verbinden. Sean Penn, gemeinsam mit Bacon in »Mystic River«, erhält die Bacon-Zahl 1. Ben Stiller, nie gemeinsam vor der Kamera mit Bacon, aber neben Sean Penn in »The Secret Life of Walter Mitty«, erhält die Bacon-Zahl 2. Und so weiter. Die Annahme ist, dass nie mehr als fünf Zwischenschritte notwendig sind, um einen beliebigen Namen mit Kevin Bacon zu verbinden. Auf diese Weise lassen sich auch eher unerwartete Verbindungen ziehen: Bollywood-Star Shah Rukh Khan hat die Bacon-Zahl 3, ebenso die Stummfilmdiva Asta Nielsen, wie sich auf der Website »The Oracle of Bacon« nachvollziehen lässt. Die Filmindustrie ist eine kleine Welt.

Erdacht haben sich dieses Spiel drei College-Studenten nach einem TV-Abend mit »Footloose«, popularisiert wurde es durch einen Auftritt der drei in der »Jon Stewart Show« im Januar 1994 und eine Buchpublikation zwei Jahre später. Damit verbinden lassen sich aber nicht nur spielende und schauspielende Personen, sondern auch Sozialwissenschaft, Mathematik und Kulturindustrie. »Six Degrees« – der Titel geht auf ein Bühnenstück des Dramatikers John Guare zurück – gilt als Veranschaulichung des ›Kleine-Welt-Phänomens‹, d.h. der Annahme, dass jede beliebige Person mit jeder anderen über erstaunlich kurze Ketten miteinander verbunden werden kann. Der US-amerikanische

Psychologe und Produzent drehbuchreifer Experimente Stanley Milgram hat 1967 versucht, diese Annahme zu belegen, und auch wenn, wie so oft bei Milgram, Datenlage und Methoden kritikwürdig sind, so beweist die Popularität der Idee in jedem Fall, dass wir Menschen unser Selbstbild, im Mittelpunkt eines großen Freundeskreises zu stehen, gerne wissenschaftlich bestätigt bekommen.

Karriere gemacht hat das Phänomen der Erkundung der kurzen Wege auch in der Mathematik – dort als Graphentheorie – und der Netzwerkanalyse. Diese hat längst herausgefunden, dass sechs Schritte in einem dicht verflochtenen Kosmos wie Hollywood viel zu viele sind: Die mittlere Pfadlänge liegt unter vier, wie Analysen der Daten der IMDb ergeben haben. Aber auch in einem ganz anderen Zusammenhang spielen Filmographien in der Graphenanalyse eine Rolle. Installiert man die beliebte Open-Source-Graphdatenbank »Neo4j« (https://neo4j.com), ist als Übungsdatenbank der »Movie Graph« bereits implementiert. Mit ihm, wie könnte es anders sein, lassen sich Analysen des Netzwerkes rund um Kevin Bavon durchführen. Die Suchanfrage:

```
MATCH p=shortestPath(
(:Person {name:"Kevin Bacon"})-[*]-(:Person {name:"Meg Ryan"})
)
RETURN p
```

gibt den kürzesten Pfad zwischen Kevin Bacon und Meg Ryan aus.

Die Antwort auf die Frage, wo man selbst in solch einem Graph stehen würde, liefert das Software-Unternehmen pathica, Entwickler einer App, die verspricht, via Netzwerkanalyse des eigenen Social-Media-Accounts den kürzesten Pfad zwischen Nutzerïn und Berühmtheit anzuzeigen: »Have you ever wondered how close you are to someone else, even a celebrity, through your friends? Pathica lets you see how many steps it takes to connect you to anyone on Instagram, including celebrities and various high-profile people. (Twitter and LinkedIn are coming soon.)« Auf der Website https://www.pathica.com lächelt einem, stellvertretend für alle Prominenz und unter der Überschrift »World Famous Account«, niemand anderes als Will Smith entgegen, offenbar in der frohen Erwartung, mit all den Fans, die seinen Instagram-Accout @willsmith noch nicht abonniert haben, zumindest über Bande verbunden zu werden. (Smith hat übrigens die Bacon-Zahl 2).

All das ging mir – so in etwa – durch den Kopf, als ich 2021, bei einer der wenigen Gelegenheiten, die die Pandemie gestattete, nach einer Vorführung von Denis Villeneuves »Dune« den Kinosaal verließ, um mir, nach mehr als drei Stunden im Kinosaal, endlich die Maske abzunehmen. Nun hat dank des Corona-Virus die Frage, wer mit wem über wie viele Umwege in Kontakt steht, den Bereich der Partyvergnügung verlassen, was nicht nur an den selten gewordenen Gelegenheiten liegt, ungezwungen mit anderen beisammen zu sein. Stanley Milgram dürfte sich bestätigt fühlen: Wenn Corona etwas gelehrt hat, dann, wie unendlich mühselig und aufreibend es ist, die ›Kleine-Welt‹ der kurzen Verbindungen von allen zu allen anderen zu unterbrechen (nachdem wir jahrelang aufgerufen waren, unsere Netzwerke zu pflegen und auszubauen).

In »Dune« wiederum, der davon erzählt, wie verschiedene Welten in einen tödlichen Konflikt miteinander geraten, hatte ich erhebliche Mühe, all die anderen Filmuniversen in meinem Kopf auszublenden, die auf der Leinwand ihren Auftritt hatten. Aquaman (Jason Momoa, »DC Extended Universe«), der Freund eines Wüstenplaneten? Thanos (Josh Brolin, »Marvel Cinematic Universe« [MCU]), auf der Seite der Gerechten? Und beide loyale Soldaten eines Fürstenhauses mit Poe Dameron (Oscar Isaac, »Star Wars«) an der Spitze? Weitere Auftritte aus dem »Marvel Cinematic Universe«: Dave Bautista (»Guardians of the Galaxy«) und Stellan Skarsgård (»Thor«). Dank Zendaya Coleman ist auch Sonys »Spider-Man Universe« (SSU) vertreten, über Javier Bardem, fast schon am Rande, die James Bond-Filmreihe, der Großvater der seriellen Filmproduktion. Die schiere Häufigkeit, mit der in der Science-Fiction-Saga, die nur die erste Hälfte des ersten Buches im »Dune«-Zyklus erzählt, diverse andere mediale ›Universen‹ übers Casting mitgeführt werden, hat zumindest in meinem Kopf Assoziationsketten ausgelöst, die schwer wieder einzufangen waren. Welten über Welten und doch immer die gleichen Gesichter.

Vermutlich bastelt das Produktionsstudio Warner Bros., das auch für das »DC Extended Universe« verantwortlich zeichnet, bereits an einem neuen Franchise-Universum, um den Platzhirschen Disney (MCU, »Star Wars«) ein wenig in Bedrängnis zu bringen. Der TV-Spinoff »Dune: The Sisterhood« für Warners Streamingdienst HBO Max ist bereits in Planung, Villeneuve soll die Pilotfolge drehen. Nun hat Disney 2021 das »world building« durch die Einführung von Paralleluniversen im »Marvel Cinematic Universe« und eine präzise getimte Abfolge von Spinoffs in ihrem Streamingdienst Disney+ (»WandaVision«, »The Falcon and the Winter Soldier«, »Loki«, »Hawkeye«) mit einem Aufwand und Eifer betrieben, der nur schwer einzuholen ist.

Auch mein nächster Kinofilm – Wes Andersons »The French Dispatch« – war ein ›ensemble piece‹ unter Beteiligung paralleler Filmuniversen: dreimal das MCU (Benicio del Toro, Tilda Swinton, Owen Wilson), dreimal James Bond (Jeffrey Wright, Léa Seydoux, Christoph Waltz). Timothée Chalamet, bei Anderson der von sich selbst überzeugte, redselige Anführer der Studentenproteste, hatte ich ja eben noch auf dem Wüstenplaneten umherstreifen sehen (»walking without rhythm«), dort noch auf der Suche nach Stimme, Bestimmung und Revolutionsgefolgschaft.

Was das Bauen kleiner Welten betrifft, folgt »The French Dispatch« freilich seiner eigenen Strategie: Keine schicksalhaft miteinander verschlungenen Erzählungen, sondern lauter kleine Miniaturen, locker verbunden nur durch einen Rahmen, der zu Beginn bereits zerbrochen wird. Ein Film wie eine

Schachtel teurer Pralinen: Man sieht jeder einzelnen an, wie viel Mühe und Liebe in sie gesteckt wurde, man kann sich zurücklehnen und die Komposition bewundern, aber satt wird man davon nicht, ebenso wenig wird man das Gefühl los, dass diese Pralinen nicht gegessen, sondern nur bewundert werden wollen. Anderson, immer schon eher ein Liebhaber des ›set designs‹ (darin Villeneuve ähnlich) als der dramatischen Entwicklung, hat in »The French Dispatch« das Kino so nahe an einen seiner historischen Vorgänger, das ›tableaux vivant‹, gebracht wie nie zuvor. (Aber vielleicht wäre »Stillleben« der treffendere Ausdruck, schließlich ist »Dispatch« nicht nur die ›Nachricht‹ sondern in einem Doppelsinn auch die ›Abfertigung‹: die Ermordung, und gestorben wird in Andersons Film im Dutzend.)

Auch sonst war das Kinojahr 2021 eines, im dem auf der Leinwand viel Kontakt aufgenommen wurde, mal zum Guten, mal zum Schlechten, aber immer mit dramatischen Folgen. In »No Time to Die« ging es um ein Virus, das nicht wahllos, sondern sehr gezielt bei Hautkontakt nur die jeweils genetisch vorprogrammierte Person tötet, was Bond zu der Entscheidung zwingt, sich mitsamt dem für seine Familie tödlichen Virus, das er in sich trägt, in die Luft jagen zu lassen (scheinbar, denn am Ende heißt es: »James Bond will return«). In »Wonder Woman 1984« (DC Universe) hat der Bösewicht die Macht, die Wünsche der Personen, die er berührt, zu erfüllen, nur um ihnen zugleich hinterrücks Lebensenergie abzusaugen. Der Film kulminiert darin, dass er sich wie ein verrückt gewordener Televangelist via Satellit mit der gesamten Welt verbindet, die daraufhin (beinahe) implodiert. In »Eternals« (MCU) verbindet sich eine Gruppe unsterblicher kosmischer Krieger in einem hell leuchtenden und reich verzierten Schwebe-Ring (»Uni-Mind«), um zu verhindern, dass ein noch unsterblicheres und noch kosmischeres und einfach irre großes Wesen (»Celestial«) geboren wird, das zwar die Macht hätte, zahllose neue Sonnensysteme zu erschaffen, aber als unschönen Nebeneffekt die Erde zerstören würde wie ein Küken, das seine Schale zerpickt, um auf die Welt zu kommen.

Nur als Kinobesucher war man dauerhaft auf Abstand und Kontaktvermeidung getrimmt: Ticket online reserviert, am Eingang über Distanz die Corona-App gescannt, im Kinosaal abseits gesessen, Maske aufbehalten. Seltsame Erfahrung: Der Kinobesuch wird auf gewisse Weise entkörperlicht und die Anonymität der anderen Zuschauer, sonst im gemeinsamen Filmerlebnis aufgehoben, verstärkt nur die Virtualisierung des Gangs in das Kino. Gleichzeitig werben die Streamingdienste damit, über »GroupWatch« (Disney+) oder »WatchParty« (amazon prime) oder »Teleparty« (Netflix) seinen Freundeskreis online zu Mitzuschauenden zu machen.
PS: Meine Distanz im Graphen zu Will Smith: 3 Schritte.

TECHNOLOGIE

QR-CODE: EIN BILD, EINE FUNKTION

Tilman Baumgärtel

◆

Vor kurzem habe ich mal mitgezählt. Bevor der Tag auch nur halb vorüber war, hatte ich zwei Dutzend QR-Codes abgescannt oder musste das Identifikationsmerkmal von meinem Handy ablesen lassen. Schwimmen im Stadtbad, ein Kaffee bei Kuchen-Kaiser, Eintritt ins 2-G-Museum, in letzter Minute gekaufte Nudeln im Keller von Karstadt.

Ohne QR-Codes funktioniert im Augenblick wenig. Die Nutzung der kleinen Schachbrettmuster ist zur Voraussetzung für die Teilnahme am öffentlichen Leben geworden. Dank des kurzen Abscannens geht es schneller und bequemer als das Mitsichführen, Herauskramen und Herzeigen von umständlicheren Papier-Nachweisen, aber es ist auch immer mit einem Speichervorgang in einer Datenbank irgendwo in der Cloud verbunden.

Der QR-Code sieht aus wie abstrakte Kunst von Victor Vasarely. Doch er ist ein Bild, das arbeitet. Er verbindet die physische Welt mit den digitalen Daten, die auf Servern im Internet Auskunft über uns geben. Er vereinfacht, wie wir etwas nachschlagen, wie wir Informationen über andere abrufen oder über uns vorlegen. Man muss nicht mehr umständlich Webadressen in den Browser eintippen oder Formulare auf Papier ausfüllen. Ein lässiger Schwenk mit einem Lesegerät oder einem anderen Smartphone über das Schachbrettmuster, und unser Gegenüber weiß, ob der Schnelltest negativ war oder wir für unsere Eintrittskarte bezahlt haben, und es geht weiter. Oder eben nicht. Beim Erfassen und Speichern unseres Verhaltens ist der QR-Code ein hilfsbereiter Komplize geworden.

Yuxi Cao (James): 多維采樣 | Dimensional Sampling (Detail) © Annekathrin Kohout

Dass er gerade in der Pandemie wieder besonders oft zum Einsatz kommt, ist kein Zufall: Der QR-Code ist auch Emblem einer neuen Form des kontaktlosen Verkehrs, der aus epidemiologischen Gründen plötzlich angeraten schien, nachdem die Technik lange wenig genutzt wurde oder sogar schon als Auslaufmodell galt. Ein Quadrat aus Quadraten trägt nun zum reibungslosen Funktionieren von Corona-Kapitalismus und -Administration bei. Aber er ist auch ein Beispiel für das, was manche ›Digitalzwang‹ nennen und zu Recht kritisieren.

Das ist eine erstaunliche Karriere für eine Technologie, die noch vor kurzem ein wenig aus der Mode zu kommen schien. In Deutschland hatte sich der QR-Code nie richtig durchsetzen können. Auf Plakatwänden oder den Schildern an Museumsexponaten tauchten sie vor Corona nur noch selten auf, obwohl sie eigentlich ein ideales Mittel sind, um physische Objekte mit virtuellen Informationen zu verbinden.

Vor 2019 nutzten nur 5 % der Europäer QR-Codes beim Einkaufen und 9 % der Deutschen hatten überhaupt schon einmal einen QR-Code abgescannt. Und das, obwohl fast jeder das dafür notwendige Gerät in der Hosentasche trägt. Bei einer Umfrage im September 2020 gaben dann plötzlich 72 % der Befragten an, im vergangenen Monat einen QR-Code genutzt zu haben. Dabei war die Technologie ursprünglich gar nicht für Endanwenderinnen gedacht. ›QR‹ steht für ›Quick Response‹ – der Begriff zeigt bereits an, woher die Technik ursprünglich stammt: aus der Welt der Effizienzsteigerung und der Beschleunigung von Logistik- und Handelsprozessen.

Der QR-Code wurde 1994 in Japan von einem Team der Firma Denso Wave aus der Unternehmensgruppe Toyota entwickelt. Chefentwickler Masahiro Hara sollte für die Firma einen maschinenlesbaren Code entwickeln, mit dem sich Autos und Autoteile während der Fertigung leicht verfolgen lassen. Das Verfahren, dank dem wir in Corona-Zeiten wieder Zutritt zur Gaststube erhalten, sollte also ursprünglich nur festhalten, wo in der Lieferkette sich gerade Lenkräder und Einspritzdüsen befinden. Zuvor hatte man das mit einem herkömmlichen Barcode geregelt, wie man ihn aus dem Supermarkt kennt. Doch für komplexe Logistik-Prozesse wie das Tracken von Kfz-Bauteilen war die Summe der Informationen, die ein Barcode speichern kann, nicht mehr ausreichend.

Der eindimensionale Bar- oder Strichcode ist der Stammvater des zweidimensionalen QR-Codes: Er entstand in den 1960er Jahren in den USA, setzte sich aber in Japan durch, als das Land in eine Phase großen Wirtschaftswachstums eintrat und Supermärkte entstanden, die eine breite Waren-Palette von Lebensmitteln bis zu Kleidung verkauften. Bezahlt wurden diese Waren an Registrierkassen, an denen jeder Preis per Hand eingegeben werden musste. Viele Kassiererinnen litten deshalb unter Sehnenscheidenentzündungen oder Taubheitsgefühlen im Handgelenk. Dank des Barcodes konnten Scannerkassen entwickelt werden, bei denen man die Ware nur noch über einen optischen Sensor ziehen musste.

Mit der zunehmenden Verbreitung von Barcodes wurden jedoch auch deren Grenzen deutlich: Sie konnten nur 20 alphanumerische Zeichen speichern, also Abfolgen der Ziffern 0 bis 9 oder Buchstaben von A bis Z. Für komplizierte logistische Prozesse sollte Masahiro Hara nun einen optisch lesbaren Code entwickeln, der mehr Daten enthalten konnte – auch die im Japanischen genutzten Kanji-Schriftsymbole. Dass seine Erfindung wie der konstruktivistische Entwurf eines Bauhaus-motivierten Architekten aussieht, ist übrigens kein Zufall: Inspiriert wurde Hara bei einem Spaziergang, als ihm ein Hochhaus mit einer gleichförmigen Fassade aus lauter viereckigen Quadraten auffiel, erzählte er später.

Sein Code durfte keine Ähnlichkeit mit anderen auf Verpackungen üblichen Symbolen haben, um Verwechslungen beim Scannen zu verhindern. Hara begann darum, systematisch Bücher, Flugblätter, Zeitschriften, Kartons und andere Drucksachen zu untersuchen, um ein Schwarz-Weiß-Muster zu identifizieren, das so selten wie möglich auf Verpackungen erschien. Nach Monaten der computerunterstützten Bildanalyse war er sicher: Vierecke mit Quadraten in drei Ecken waren so selten, dass Verwechslungen ausgeschlossen waren. Außerdem entstand durch diese Struktur ein Code-Bild, das unabhängig vom Scan-Winkel gelesen und vom Computer verarbeitet werden konnte.

Anderthalb Jahre nach Beginn des Entwicklungsprojekts entstand so die erste Version des QR-Codes, die nicht nur etwas mehr als 7.000 Ziffern, sondern auch Kanji-Zeichen kodieren konnte. Und dieses Code-Bild war nicht nur imstande, eine große Menge an Informationen zu speichern, sondern konnte auch zehnmal schneller gelesen werden als andere Codes. Die abstrakten Muster blieben auch dann maschinenlesbar, wenn sie beschädigt oder verschmutzt waren. Und sie erlaubten ›structured appending‹ (strukturiertes Anhängen): Sollen mehr Daten hinterlegt werden, als auf einen QR-Code passen, können die Informationen auf mehrere Codes aufgeteilt werden, die beim Scannen so zusammengefügt werden, dass der ursprüngliche Inhalt erhalten bleibt.

Zunächst wurden QR-Codes nur von Toyota in der Produktion eingesetzt. Doch nachdem das Verfahren im Jahr 2000 als ISO-Standard anerkannt wurde, begann es sich im technikaffinen Japan auch in anderen Bereichen zu verbreiten. Heute sind QR-Codes besonders in China allgegenwärtig, wo sie von Firmen wie Alibaba im großen Stil genutzt werden. Toyota ließ den QR-Code zwar patentieren, verzichtet aber darauf, dieses Patent zu Geld zu machen. Darum kann heute jeder im Internet eigene QR-Codes generieren und diese sogar in verschiedenen Formaten, Farben und Designs mit individuellen Logos und Symbolen gestalten. Aus einem Organisationsinstrument der Logistikbranche ist ein funktionales Designobjekt geworden.

In einem Interview erklärte Erfinder Masahiro Hara, dass er die heutige Nutzung von QR-Codes nicht vorhergesehen hat: »Damals hatte ich das Gefühl, etwas Großartiges entwickelt zu haben, und erwartete, dass es bald in der

Industrie weit verbreitet sein würde. Aber heute wird es von jedermann verwendet, sogar als Zahlungsmethode. Das kam völlig unerwartet.«

Mit dem QR-Code ist die Digitalisierung auf der Oberfläche der Dinge angekommen. Man mag die kleinen Quadrate schön finden oder nicht – sie

sorgen dafür, dass alles und jeder mit dem Internet und seinen Datenspeichern und Dienstleistungen verbunden werden kann. Ganz ohne Kabel und ohne Tastatur, sondern nur mit Hilfe eines kleinen und außerordentlich produktiven Bildes. ◆

Yuxi Cao (James): 多維采樣 | Dimensional Sampling (Detail) © Annekathrin Kohout

BUCHBESPRECHUNG

YOUTUBE: CONTENT, CREATOR, KULTURINDUSTRIE

Andreas Gebesmair

◆

Keine andere Internet-Plattform hat die Popkultur so nachhaltig verändert wie YouTube. Die Video-Sharing-Plattform hat mit der nicht-linearen Bereitstellung von Gratiscontent nicht nur unser Rezeptionsverhalten revolutioniert, sondern auch völlig neue Produktionsweisen und damit auch popkulturelle Genres und Formate hervorgebracht. Als im April 2005 Jawed Karim, einer der Gründer der Plattform, das erste Video auf YouTube hochlud, war noch nicht absehbar, in welchem Ausmaß Amateure die neue Möglichkeit, ein globales Publikum zu adressieren, nutzen würden. 16 Jahre danach blicken wir auf eine Kulturindustrie, die es zwar in ökonomischer Hinsicht durchaus mit den großen Medienbrands wie Disney und Universal aufnehmen kann, sich in ihrer Struktur und Logik aber dennoch deutlich von der dominanten Unterhaltungsproduktion des 20. Jahrhunderts unterscheidet. Die Charakteristika dieser neuen Industrie wurden in einigen Publikationen jüngeren Datums aus sozial- und kommunikationswissenschaftlicher Perspektive in den Blick genommen.

So erschien etwa die klassische und viel zitierte Monografie über YouTube von Jean Burgess und Joshua Green von 2009 neun Jahre später in einer zweiten Ausgabe. Und obwohl viele der Befunde aus der Frühzeit der Plattform nach wie vor Gültigkeit haben, bedurfte das Buch einer gründlichen Überarbeitung. Schon in der ersten Auflage verwiesen die Autorinnen auf die genuin kommerzielle Ausrichtung der Plattform, die von Beginn an nicht nur, wie es der frühe Slogan der Gründer, »Boadcast yourself«, unterstellte, den Amateuren eine Plattform bieten sollte, sondern auch den profitorientierten Medienunternehmen.

Und auch die Amateure entdeckten schnell, dass sich mit den von ihnen erzielten Reichweiten auch Einnahmen erzielen ließen. Schon 2007 bot der Suchmaschinenanbieter Google, der YouTube im Jahr zuvor von den Gründern übernommen hatte, sowohl den großen Content-Produzenten in Hollywood als auch den neuen autonom agierenden YouTube-Stars an, im Rahmen seines sog. Partnerprogramms an den rasant wachsenden Werbeeinnahmen zu partizipieren. Was aber zum Zeitpunkt der ersten Auflage des Buchs noch nicht absehbar war, ist das Ausmaß der Professionalisierung, das diese Form der Produktion erfahren sollte, und die Vielfalt an Monetarisierungsformen, mit denen die YouTuberïnnen nun Einnahmen erzielen konnten – von der Produktplatzierung bis hin zum Verkauf von Merchandising oder sogar eigenen Markenartikeln.

Eine zentrale Rolle kommt dabei den sog. Multi-Channel-Networks (MCNs) zu, auf die in der Neuauflage an verschiedenen Stellen eingegangen wird. Dieser neue Typus von Medienunternehmen übernimmt Aufgaben, die in der klassischen Kulturindustrie Künstleragenturen, Labels oder Studios zukam und nach wie vor auch zukommt. MCNs unterstützen YouTuberïnnen bei der Produktion, bei der Vernetzung mit anderen YouTuberïnnen, bei der Vermittlung von Werbepartnern und der crossmedialen Verwertung ihrer Produktionen. Nicht unerwähnt bleibt dabei auch der Wandel, den YouTube selbst vollzog: von einer neutralen Plattform hin zu einem Content-Anbieter und -Entwickler. Zwar genießt YouTube als bloßer Serviceanbieter noch immer den Schutz vor Urheberechtsklagen nach den Safe-Harbor-Bestimmungen des Digital Millennium Copyright Acts, doch mit den Bezahldiensten wie YouTube Red (jetzt YouTube Premium) entwickelt sich der Konzern immer mehr zu einem klassischen Medienkonzern. So können besonders erfolgreiche Creators (wie die YouTuberïnnen jetzt genannt werden) in den YouTube-Spaces von Los Angeles, London oder Berlin nun auch mit professionellem Equipment produzieren.

Der Band von Burgess und Green bietet, wie schon die erste Auflage, einen guten Einstieg in die Thematik. Er zeichnet die wichtigsten Entwicklungslinien und strukturellen Rahmenbedingungen nach und gibt einen Einblick in den Reichtum popkultureller Formen und Kommunikationsstrategien. Die Verfasserïnnen stützen sich dabei aber vor allem auf die Forschung anderer, die in den einschlägigen englischsprachigen Journals wie »Media, Culture & Society«, »International Journal of Cultural Studies« oder «New Media & Society« in großer Zahl publiziert wurde. (Die gleichermaßen intensive Forschung zu YouTube aus anderen Disziplinen wie etwa dem Marketing, der Gesundheitswissenschaft oder der Informatik bleibt dabei in der Regel unberücksichtigt.)

Eine der wichtigsten Plattformen in diesem Zusammenhang ist »Convergence. The International Journal of Research into New Media Technologies«, auf der immer wieder Aufsätze zu den unterschiedlichsten Aspekten kultureller Produktion in Sozialen Medien veröffentlicht werden. 2018 erschien dort ein Sonderheft mit einem Überblick über die sozial- und kommunikationswissenschaftlichen Arbeiten zu YouTube. In dem einleitenden Artikel von Jane Arthurs, Sophia Drakopoulou und Alessandro Gandini werden vier zentrale Themen identifiziert: Ein großer Teil der Forschungsarbeiten in den Jahren seit dem Start der Plattform war dem Umstand gewidmet, dass sich mit YouTube nun Amateure mit geringen Mitteln an ein großes Publikum richten konnten. Damit eröffnen sich nicht nur neue Chancen zur Etablierung einer Gegenöffentlichkeit, sondern auch neue Foren des kulturellen Schaffens. Schon Burgess und Green lenkten 2008 (im Anschluss an Henry Jenkins grundlegende Arbeiten) die Aufmerksamkeit auf den Umstand, dass es sich bei dieser »Participatory Culture« keineswegs um eine Antithese zur professionellen Kulturproduktion der großen Konzerne handelt, sondern um die kreative Aneignung von und zuweilen auch kritische Auseinandersetzung mit den kommerziellen Produkten. Damit entstand, und das ist der zweite von Arthurs/Drakopoulou/Gandini identifizierte Themenstrang, ein hybrider kommerzieller Raum. Ein weiterer Aspekt, dem schon zahlreiche Forschungsarbeiten gewidmet waren, ist der spezifische Charakter des Ruhms, den die neuen YouTube-Celebrities genießen und der sich im Unterschied zu den Stars früherer Zeiten vor allem aus der strategisch zur Schau gestellten Privatheit und Intimität, ihrer (vermeintlichen) Authentizität speist. Schließlich gibt es seit dem Aufkommen der digitalen Plattformen unter dem Titel »Algorithmic Culture« einen Forschungsschwerpunkt, der sich mit den Folgen von automatischen Empfehlungssystemen beschäftigt. Auch diese spielen auf YouTube eine große Rolle, wenngleich ihre Funktionsweise aufgrund der Intransparenz noch wenig verstanden wird.

Eine der bis dato ehrgeizigsten Untersuchungen zu YouTube ist die 2019 veröffentlichte Monografie von Stuart Cunningham und David Craig. Auf der Grundlage von mehr als 150 Interviews mit verschiedensten Akteur*innen im Umfeld der Plattform und umfassenden Recherchen zeichnen sie in sechs Kapiteln ein differenziertes Bild dieser neuen Kulturindustrie. Titel und Untertitel des Buches sind dabei Programm: Mit der Bezeichnung »Social Media Entertainment« verdeutlichen sie, dass es sich hierbei in erster Linie um eine Unterhaltungsindustrie handelt, und mit dem Untertitel »The New Intersection of Hollywood and Silicon Valley« ist der spezifische Charakter dieser Industrie benannt. In ihr sind nämlich Elemente der alten Kulturindustrie, von den Autoren »SoCal« genannt, auf eine neue, hybride Weise mit der Plattformökonomie des Silicon Valley (»NoCal«) verknüpft. Die Eigenschaften dieser neuen Industrie, die zwar von YouTube ausging, mit der Integration von Video-Funktionen in andere Soziale Medien nun aber auch Plattformen wie Facebook, Instagram und Twitter umfasst, werden Schritt für Schritt detailreich herausgearbeitet. Drei Aspekte sollen hier kurz erläutert werden.

Im Unterschied zu den Kreativen in der klassischen Kulturindustrie haben die neuen Social-Media-Creators nur selten eine professionelle Ausbildung, z.B. Schauspielunterricht, genossen. Die Mehrzahl der von den Autoren interviewten YouTuberInnen begann ihre Karriere zu einem Zeitpunkt, als sie noch bei den Eltern wohnten und die Schule besuchten. Das Handwerk erlernten sie als Autodidaktinnen durch Versuch und Irrtum und unter Verwendung zahlreicher Online-Tutorials, die sie in die Kunst des Videoschnitts ebenso einführten wie in die »Search Engine Optimization«. Von großer Bedeutung ist im Übrigen auch die Unterstützung durch Gleichgesinnte. Ein gemeinsames Video mit einer bereits etablierten Vloggerin kann einer jungen YouTuberin zum Durchbruch verhelfen. Diese Kollaborationen werden in der Community geschätzt und begründeten sogar ein eigenes Genre.

Hollywood-Stars und Social-Media-Celebrities unterscheiden sich auch deutlich in ihrem Rollenverständnis. Während erstere ihre Rolle als professionelle Darsteller deutlich von ihren Auftritten als Werbetestimonials einerseits und ihrem Privatleben andererseits abgrenzen, fließen bei den YouTuberInnen diese drei Bereiche ineinander. Indem sie Einblicke in ihr Privatleben gewähren und eine intime Bindung zu ihren Fans und Followern aufbauen (oder zumindest diese Intimität suggerieren), werden sie zu glaubwürdigen Botschafterinnen von Markenprodukten, die ein Bestandteil ihrer Medienidentität sind. Zwar geben auch die Filmstars und Promis der alten Kulturindustrie mehr oder weniger freiwillig Intimes preis, in den Sozialen Medien wird das Reden über sich selbst und der Dialog mit den Fans aber zum Fundament der Glaubwürdigkeit – der Glaubwürdigkeit als Kreativer wie auch als Werbebotschafter. In dieser Welt sind Authentizität und Kommerz keine Gegensätze mehr. Vielmehr setzen sie sich voraus und werden zu integralen Bestandteilen eines neuen kulturindustriellen Geschäftsmodells. Es beruht auf einer trilateralen Beziehung »among the ›authentic‹ creator, the fan community that validates all such claims to authenticity, and the brand that is seeking, to buy into, and leverage, that primary relationship« (S. 156).

Schließlich machen Cunningham und Craig auf den neuen Plattformen auch eine im Vergleich zur traditionellen Kulturindustrie deutlich höhere kulturelle Vielfalt aus. Während im klassischen Hollywood-Kino, in den Programmen der TV-Stationen und selbst in den Serien der neuen Streaming-Plattformen Frauen, ethnische Minderheiten und nicht-heteronormative Lebensformen nach wie vor unterrepräsentiert sind, scheint im Social-Media-Entertainment die Vielfalt deutlich größer zu sein. Davon zeugen nicht nur die äußerst erfolgreichen Channels der Asian Americans, sondern vor allem die deutliche Präsenz von LBGTQ-Creators wie Ingrid Nilsen, Joey Graceffa und Gigi Gorgeous, deren Social-Media-Auftritten die Autoren in ihrem Buch viel Platz einräumen.

Alles in allem zeichnen die beiden Kommunikationswissenschaftler ein differenziertes, aber doch ein wenig zu idyllisches Bild dieser neuen Kulturindustrie. Zwar räumen sie ein, dass das Unterhaltungsangebot in den Sozialen Medien durch die Macht der Plattformkonzerne und die Intransparenz ihrer Algorithmen manchmal in eine Schieflage gerät, die Creators und der

Content, den sie produzieren, sind aber in ihren Augen vor allem Zeugnis der neuen Vielfalt und insofern auch über jede Kritik erhaben. Doch ist dieser Content nicht zu einem großen Teil auch von einer unglaublichen Banalität, sind die Pranks und Challenges nicht zuweilen recht infantil und zeigen die Unboxing- und Get-ready-with-me-Formate nicht auch bedenkliche Züge der Regression? Das Unbehagen, das uns beim Scrollen durch die Webfeeds der Plattformen allenthalben befällt, lässt sich nicht einfach als bürgerliche Idiosynkrasie abtun. Es sollte auch Gegenstand einer kritischen Auseinandersetzung mit den neuen kulturellen Produktionsweisen im Internet sein. Hier setzt die ganz anders geartete Publikation »Influencer. Die Ideologie der Werbekörper« von Ole Nymoen und Wolfgang M. Schmitt an.

Von »Social Media Entertainment« unterscheidet sich dieses schmale Buch in mehrfacher Hinsicht: Während Cunningham und Craig bewusst von »Creators« sprechen, um das kreative Schaffen der YouTuberïnnen ins Zentrum zu rücken, betonen Nymoen und Schmitt mit dem gängigen Begriff »Influencer« deren Rolle als Werbeträger. Anders als die in der Tradition der Cultural Studies stehenden Kommunikationswissenschaftler nähern sich die beiden deutschen Essayisten, die übrigens selbst als YouTuber tätig sind, dem Gegenstand mit dem theoretischen und terminologischen Instrumentarium der Kritischen Theorie. Insofern grenzen sie diese neue Kulturindustrie der Sozialen Medien nicht von der älteren ab, sondern sehen darin vielmehr eine Fortsetzung, wenn nicht ihre Vollendung. In ihren Analysen beschränken sie sich, wie auch Cunningham und Craig, nicht nur auf YouTube, sondern spüren der Ideologie der Warenkörper auch auf anderen Plattformen, insbesondere Instagram und neuerdings TikTok nach. Dabei machen sie durchaus spannende Beobachtungen.

Insbesondere die Ausführungen über das eigentümliche Verhältnis der Influencer zu ihren Fans, das Cunningham und Craig zufolge die Unterhaltungsproduktion auf Sozialen Medien gegenüber früheren Formen auszeichnet, sind erhellend. Die vermeintlich intime Beziehung wird von den Autoren als vielfach camoufliertes Tauschverhältnis, dessen einziger Zweck die Reichweitenmaximierung ist, enttarnt (S. 119ff.). Dazu trägt nicht nur der Euphemismus des ›Sharens‹ (›ich teile den Link zu meinen Produkten‹) bei, der nichts anderes als eine Einladung zum Kauf der Produkte ist, dazu dient auch die Beschwörung der freien Wahl (›das muss aber jeder für sich selber entscheiden‹), die Käufersouveränität mit Demokratie verwechselt. So wichtig der kritische Blick auf die neue Kulturindustrie der Sozialen Medien ist, der Versuch einer kritischen Theorie der Influencer bleibt doch letztlich an der Oberfläche. Anstatt der Eigenlogik dieses neuen Produktionssystems nachzugehen, führen Nymoen und Schmitt die kulturellen Phänomene auf die Nachfragekrise des postfordistischen Kapitalismus zurück (S. 37). Als wären die Funktionen, die Influencer im Kapitalismus durchaus erfüllen, schon ein ausreichender Grund für ihre

Existenz. Das ist eine unterkomplexe, vulgärmarxistische Erklärung, die wenig zu überzeugen vermag. ◆

▸ Jane Arthurs/Sophia Drakopoulou/Alessandro Gandini: Researching YouTube. In: Convergence. The International Journal of Research into New Media Technologies 24/1, S. 3-15 [https://journals.sagepub.com/doi/10.1177/1354856517737222].
▸ Jean Burgess/Joshua Green: YouTube. Online Video and Participatory Culture. Cambridge/Malden 2009 [2. Aufl. 2018].
▸ Stuart Cunningham/David R. Craig: Social Media Entertainment. The New Intersection of Hollywood and Silicon Valley. Postmillennial Pop. New York 2019.
▸ Henry Jenkins: Convergence Culture. Where Old and New Media Collide. New York/London 2006.
▸ Ole Nymoen/Wolfgang M. Schmitt: Influencer: Die Ideologie der Werbekörper. Berlin 2021.
▸ Pelle Snickars/Patrick Vonderau (Hg.): The YouTube Reader. Stockholm 2009.

SEITE *130–171*

ESSAYS

Die Essay-Rubrik gibt den Autorinnen und Autoren die Möglichkeit, ihre Beobachtungen und Urteile persönlicher oder pointierter darzulegen, als dies in akademischen Texten üblich ist. Größere Eingängigkeit, eine Popularisierung bislang esoterischer Ansätze kann, muss aber nicht unbedingt damit verbunden sein. Wieso sollte auch das Zugespitzte oder Eigenwillige zwingend das Einfache oder leicht Verständliche sein?

ESSAY

POPULÄRKULTUR UND ALLTÄGLICHES ÄSTHETISCHES ERLEBEN
Ein Versuch in »sozialästhetischer Empathie«

Kaspar Maase

◆

Das Unbehagen mit dem Konzept oder Begriff des Populären wächst, zumindest unter denen, die wissenschaftlich damit zu tun haben. Nicht immer wird das so dezidiert formuliert wie von Thomas Hecken (2016: 41), der »popular culture« nur noch als historischen Quellenbegriff benutzen will, nicht mehr als eigenständigen Bedeutungsträger und schon gar nicht mit analytischem Anspruch. Mit Referenzen auf »Volk« und auf die damit verbundene Semantik sei so viel Schindluder getrieben worden, dass man (gewissermaßen als Akt politischer Hygiene) auf das P-Wort verzichten solle.

Man kann auch pragmatisch argumentieren. Mittlerweile liegen Tausende von Definitionsversuchen vor, und man könnte meinen, damit sei der Horizont des Themas eigentlich ausgeschritten. Thomas Hecken hat in einem weiteren Aufsatz versucht, dieses Korpus an Studien zu systematisieren, und ist dabei immerhin noch auf 23 grundlegende Ansätze gekommen. Dass trotzdem kein Ende der Definitionsproduktion abzusehen ist, erklärt er mit der Signalfunktion der Bestimmungsversuche: Sie dienten nicht nur epistemischen Zwecken; sie sein auch stets wertend und positionieren so Autorinnen und Autoren schnell und effektiv im – durch Geltungs-, Hierarchisierungs- und Distinktionsinteressen aufgespannten – Raum der Debatten. Heckens Konsequenz lautet: »Falls man im Feld der wissenschaftlichen Behandlung von ›populärer Kultur und Literatur‹ überhaupt etwas brauchen sollte, dürfte es sich zunächst wohl nur um mehr empirische Forschung handeln« (Hecken 2010: 228).

Dieser Aufsatz greift den Wunsch nach substanzieller Empirie auf; er verbindet dies jedoch mit einem Wechsel der Blickrichtung. Er weicht dem P-Wort mit seinen Positionierungszwängen aus und schlägt eine veränderte analytische Perspektive vor, um verbreitete kulturelle Phänomene entspannter beschreiben, vergleichen und interpretieren zu können: Alltäglichkeit. Damit verbindet sich ein Wechsel des diskursiven Kontextes hin zum Denkstil, den theoretischen Instrumenten und Vorgehensweisen empirischer Kulturforschung.

Sachlogisch redet, wer von Populärem redet, stets von Phänomenen, die relativ häufig auftreten, zumindest häufiger als vergleichbare. ›Populär‹ hat unentrinnbar mit Vielzahl zu tun. Aber Vielzahl wovon? Hier gehen die disziplinären Pfade auseinander. Geht es a) um verbreitete Texte (im weitesten kulturwissenschaftlichen Verständnis), geht es b) um häufige, eben ›alltägliche‹ Praktiken, um verbreitete Weisen des Umgangs mit ästhetischen Potenzialen, oder geht es c) um die Untersuchung der Nutzerinnen und Nutzer? Im Zentrum des Folgenden steht b), die Alltäglichkeit ästhetischer Praktiken. Dabei versuche ich, die Perspektive von Personen einzunehmen, die sich zum privaten Vergnügen kulturellen Angeboten zuwenden. ›Das Werk‹ oder ›die Texte‹ werden ebenso dezentriert wie Interessen an Soziologie und Psychologie der Rezipient*innen.

Dahinter steht die (hier nur sehr verknappt zu skizzierende) Annahme, dass es in modernen westlichen Gesellschaften bei der Nutzung kultureller – auch massenkultureller – Texte im Kern um ästhetische Interaktion geht (Maase 2019: 37-40, 73-198). ›Ästhetisch‹ ist dabei keine wertende, sondern eine funktionale Aussage über einen Typ von Interaktionen zwischen Menschen und Gegenständen ihrer Wahrnehmung. Yuriko Saito (2019: 2) spricht von »a specific mode of perception« und gibt ›ästhetisch‹ »the root meaning of [...] sensory perception gained with sensibility and imagination« – eine Form intensiver sinnlicher Wahrnehmung, die untrennbar verknüpft ist mit der Aktivierung von Empfindungsvermögen (für Gefühle und Stimmungen) und Vorstellungskraft (Erinnerungen, Fantasien). Wir heben sinnliche Eindrücke oder Vorstellungen aus dem Fluss des Wahrnehmens und der Befindlichkeit heraus und verknüpfen sie mit Emotionen, Wissen und Bedeutungen. Umgekehrt aktualisieren sich Emotionen, Erinnerungen, Assoziationen spontan in Reaktion auf die Aufforderungen der jeweiligen Gegenüber und wollen ›bearbeitet‹ werden. In derartigen Interaktionen erzeugen wir bzw. bilden sich ästhetische Beziehungen zur Welt, zu uns selbst und zu den Texten, mit denen wir ko-laborieren. Ko-laboration meint dabei das Zusammenwirken von Menschen, Texten und jeder Menge weiterer Beteiligter (Hennion 1997, 2005, 2015; Felski 2020) – vom Popcorn bis zum Pausen-Prosecco, von der Multiplex-Atmosphäre bis zum Second Screen.

Im Folgenden wird zunächst umrissen, was man unter der Alltäglichkeit ästhetischer Praktiken in der ›Hoch-‹ wie Massenkultur produktiv verstehen könnte. Der zweite Teil erörtert, ob und inwiefern derartige Praktiken als ›klassenlos‹ zu charakterisieren und idealtypisch mit Praktiken der ›Expertinnenästhetik‹ zu kontrastieren sind. Der Schlussteil greift die Aufforderung des Designwissenschaftlers Gert Selle (1983) zu »sozialästhetischer Empathie« auf, die mir bis heute gültig scheint.

ÄSTHETISCHE PRAKTIKEN IM ALLTAGSMODUS

Die Rede von Alltag und Alltäglichkeit rückt Praktiken (Reckwitz 2003; Hirschauer 2016) in den Fokus – nicht sozialwissenschaftlich kategorisierbare Nutzergruppen. Ich gehe davon aus, dass alltägliche ästhetische Praktiken von Menschen jeder Art, jeden Bildungs- und Sozialstatus ausgeführt werden – nicht ständig und nicht unabhängig vom Kontext, aber doch prinzipiell von (fast) allen. Die weitaus meisten ästhetischen Interaktionen entsprechen einem Muster oder Typ von Praktiken, den man sinnvoll als alltäglich qualifizieren kann.

Was macht diese Alltäglichkeit aus? Im Anschluss an Alfred Schütz und Thomas Luckmann sowie an neuere medienhistorische Studien möchte ich vier Merkmale kurz skizzieren: 1. Geteilte, dialogische Routinen; 2. Verteilte Aufmerksamkeit; 3. ›Lockeres Erleben‹ und Ästhetik des »Blätterns«; 4. Pragmatik: ›kurze Wege‹ und Lebensrelevanz.

1. Geteilte, dialogische Routinen. Der Modus der Alltäglichkeit ist geprägt durch Routinen, durch wiederkehrende, gewohnheitsmäßig ausgeführte Handlungsabläufe. Das gilt, wie alle anderen im Folgenden genannten Merkmale, auch für ästhetische Praktiken. Unter ästhetischen Praktiken verstehe ich den Einsatz eines breiten Repertoires an Erwartungen, Wissen, Emotionspraktiken, körperlichen und intellektuellen Tätigkeiten, auf das wir zurückgreifen, um in ko-laborativer Interaktion positives ästhetisches Erleben zu erzeugen und zu spüren (Maase 2019: 62-71). Positiv wird ästhetisches Erleben von den Handelnden empfunden, soweit es mit einer gewissen »Euphorie« (Paál 2003: 31) verbunden ist. Schließlich müssen nach den Befunden der Neurowissenschaft »letztlich alle, und zwar auch die ›hochgeistigen Genüsse‹ [...] mit einem Gefühlszustand gekoppelt sein, der als befriedigend, beglückend oder lustvoll empfunden wird« (Roth 2003: 356).

Die neuere Praxistheorie zeigt, inwiefern unsere Routinen stets Züge von Rückmeldung und Lernen, von Selbst-Bildung und optimierender Selbststeuerung aufweisen (Alkemeyer 2013; Hirschauer 2016). Die meisten Praktiken sind dialogisch, insofern sie von anderen wahrgenommen werden und wir Rückmeldungen erhalten, Kritik und Verbesserungsvorschläge. Automatismen und reflektiertes Handeln schließen einander nicht aus; sie werden im täglichen Tun verknüpft und sind daher gradualistisch zu betrachten. Keine Wiederholung ist ›stumpf‹ und völlig identisch mit vorangegangenen Abläufen (Schäfer 2016); das gilt ganz besonders für die Routinen ästhetischer Interaktion, deren

Gegenstände unablässig wechseln. Was die Musikwissenschaftler Rösing und Petersen (2000: 19) für ›ernste Musik‹ konstatieren, gilt ohne Einschränkung auch für die Gattungen und Genres des sog. ›Mainstreams‹: »Wird dieselbe Musik ein zweites Mal gespielt, hat sie sich mehr oder weniger verändert. Dies gilt sogar bei Tonträgern, bei denen zwar die akustische Außenseite eines Musikstücks identisch bleibt, die Erinnerungsspur des Gehörten dagegen Unterschiede gegenüber dem ersten Hören aufweist.«

2. Verteilte Aufmerksamkeit. Im Anschluss an Walter Benjamin (1963) hat die Medienhistorikerin Petra Löffler (2014) gezeigt, wie seit mehr als 200 Jahren die Kulturtechnik der »verteilten Aufmerksamkeit« entwickelt und geschätzt wurde. Sie geht davon aus, unter den Bedingungen der westlichen Moderne müsse Aufmerksamkeit notwendig »verteilt« werden; »Zerstreuung« sei der »Versenkung« in einzelne Aufgaben überlegen. Laut Löffler wurden Praktiken beweglicher Aufmerksamkeit wesentlich von den Massenkünsten vorangetrieben, beginnend bereits mit dem Panorama um 1800. Spätestens seitdem gelte: »Flüchtigkeit und Perspektivwechsel bilden geradezu die Voraussetzung für eine Erweiterung des ästhetischen Erfahrungspotenzials« (ebd.: 130). Die Maßstäbe setzte dabei ein »ästhetische[r] Imperativ, der die Überwältigung der Sinne zur Norm erhebt« (ebd.: 126). Ein weiteres wesentliches Merkmal der von ihr so genannten »Ästhetik des Spektakels« liegt darin, dass diese »nicht wie in der Kunst auf einzelne Rezipienten, sondern auf ein Massenpublikum gerichtet« war und ist (ebd.).

Ein aktuelles Beispiel verteilter Aufmerksamkeit ist die zunehmende Nutzung mehrerer Bildschirme beim Fernsehen oder Streamen, meist Handy oder Laptop parallel zum laufenden Bewegtbild. 2020 praktizierten die 14- bis 29-Jährigen in Deutschland dies immerhin im Durchschnitt über zwei Stunden täglich (Breunig/Handel/Kessler 2020: 413). Die empirischen Befunde sind noch nicht eindeutig zur wichtigen Frage, in welchem Maße die Parallelaktivität sich auf das gerade laufende Angebot bezieht (z.B. Informationen und Meinungen zum Film einholen) oder überwiegend in persönlicher Kommunikation und der Erledigung kleinerer Aufgaben (Online-Banking z.B.) besteht. Deutlich scheint aber bereits, dass es um die »Intensivierung des Seherlebnisses« (Hämmerling 2017: 97) geht. Telefonieren während des Werbeblocks oder Überweisungen während als unattraktiv empfundener Passagen können dabei anscheinend helfen (Göttlich/Heinz/Herbers 2017).

3. ›Lockeres Erleben‹ und Ästhetik des »Blätterns«. Ich betrachte verteilte Aufmerksamkeit als Alltagsmodus des Bewusstseins- und Empfindungsstroms. Gefühle und Empfindungen verändern sich ständig, Aufmerksamkeit bewegt sich, Gedanken fliegen und treiben vorbei. Der britische Kulturwissenschaftler Ben Highmore (2011: 44) spricht in diesem Zusammenhang von »drift« und »slack experience«. »Slack« ist ein ausgesprochen schillernder Begriff. Auf der einen Seite entsprechen ihm Charakteristika für ›gewöhnli-

ches‹ ästhetisches Erleben wie schwach, wenig strukturiert, schweifend; auf der anderen Seite bieten sich für die Haltung der Erlebenden Adjektive wie entspannt, lässig, souverän an. In Verknüpfung beider Aspekte scheint mir die Bezeichnung »locker« am besten zu passen. Ich übersetze die »slack experience« in ›lockeres Erleben‹ als Alltagsmodus ästhetischer Praktiken.

In eine ähnliche Richtung weisen Überlegungen des Medienhistorikers Harun Maye (2019) zu einem um 1800 neu formatierten Typ rezeptiver ästhetischer Praktiken; mit einem historischen Begriff nennt er ihn »Stellenlektüre«. Einerseits wurde damals die jahrhundertealte wissenschaftliche wie erbauliche Beschäftigung mit »Stellen«, ausgewählten Passagen vorbildlicher Schriften, delegitimiert. »Diskontinuierliches Lesen« unterlag nun dem Verdikt mangelnder Konzentration. Als Norm literarischer Lektüre setzte sich die »hierarchische Unterscheidung zwischen der Stelle und dem Ganzen« (ebd.: 9) durch. Um dem Ganzen gerecht zu werden, war nun durchgängig intensive Aufmerksamkeit verlangt.

Andererseits etablierte sich damals parallel dazu, im Umgang vor allem mit periodischen Druckwerken, die Kulturtechnik des »Blätterns«. Für Journale und Zeitungen galt es als angemessen, sie zu überfliegen, Interessantes und Bewegendes auszuwählen und sich darüber gesellig auszutauschen. Mayes gut belegte These ist nun, dass sich faktisch Varianten und Kombinationen von »Blättern« und ›verschlingender‹ Lektüre auch im Umgang mit komplexeren belletristischen Texten durchsetzten. »Nicht im intensiven Lesen, sondern in einer extensiven Stellenlektüre haben Leserinnen und Leser ihr Erlebnis der Dichtung« (ebd.: 72).

Gegen die Auffassung, dass verstehendes Erschließen des ›Ganzen‹ das eigentliche Ziel ästhetischer Rezeption darstelle, postuliert Maye: »die Summe der Teile ist mehr als das Ganze« (ebd.: 8, 74). Er leitet daraus eine Ästhetik der »›Rezeption in der Zerstreuung‹« ab, die die Überlegungen zum ›lockeren‹ ästhetischen Erleben mit verteilter Aufmerksamkeit konkretisieren kann. Danach sind Nutzerinnen »im Akt der Rezeption zerstreut«. Erst dadurch seien sie »in der Lage, ein Bild vom Ganzen zu gewinnen und sich gleichzeitig in Details zu vertiefen, die über das Ganze hinausschießen oder es unterlaufen« (ebd.: 9).

Hier zeichnen sich Grundzüge ästhetischen Erlebens im Alltagsmodus ab: eine Ästhetik des »Blätterns«, die aneignende Praktiken weit über Buchlektüre hinaus umfasst. Man muss dazu allerdings das Verständnis von »Stellen« erweitern. Zu unterscheiden ist zwischen bewusst gewählten Stellen im Sinne der Tradition und ästhetischen Eindrücken, die sich unbewusst, unwillkürlich in Wahrnehmung und Gedächtnis einschreiben: Passagen, Szenen, Schilderungen, Klänge, Aktionen, Geschmacksempfindungen usw.

Eindrückliche Erlebnisse entstehen in der Ko-laboration mit Gegenübern aller Art; sie werden zu »Stellen« im Sinne Mayes dadurch, dass sie vom Bewusstsein herausgehoben und im Gedächtnis abgespeichert werden. Im je aktuellen Wahrnehmen und Empfinden können sie sich verbinden mit Erinnerungen an andere »Stellen«. Sie reaktualisieren und rekonfigurieren Imaginationen und Gefühle, die im Lauf des Lebens mit Wahrnehmungs- und Erlebenssequenzen verbunden, emotional markiert und gespeichert wurden. Ästhetisches Erleben erweitert sich so zur unendlichen Geschichte ›lockerer‹ Verknüpfungen quer durch alle Wirklichkeitsbereiche – fiktive wie nicht fiktive, ästhetisch gestaltete wie ›natürliche‹. Was Maye über das Lesen sagt, trifft das gesamte Spektrum ästhetischer Erlebenspraktiken im Alltagsmodus: »Beim Blättern werden Passagen zu verheißungsvollen Bruchstücken einer Lektüre, in der eine faszinierende Stelle zum Anlass für weitere Lektüren wird, die nicht mehr im selben Buch zur Ruhe kommen müssen. Die gefundenen Stellen schließen an bereits Bekanntes an – all die anderen Stellen – und schießen über die Ränder des gelesenen Buchs hinaus, sie motivieren immer wieder neu zu einem aus- und zugreifenden Lesen« (ebd.: 41).

4. Pragmatik: ›kurze Wege‹ und Lebensrelevanz. Alfred Schütz (1971: 239) geht davon aus, dass »unsere natürliche Einstellung gegenüber der Welt des Alltags von einem pragmatischen Motiv beherrscht wird«. Menschen handeln, um in ihrer Umwelt Ziele zu erreichen; ihr vorrangiger Weltbezug ist »sinnvolles Handeln, das durch Leibbewegungen in die Außenwelt eingreift« (Schütz/Luckmann 2017: 70). Ausdrücklich fügen Schütz und Luckmann hinzu: »Auch das Denken in der lebensweltlichen Einstellung ist pragmatisch motiviert« (ebd.: 33).

Es geht um Effektivität in der Alltäglichkeit: Dinge richtig, also wirkungsvoll tun; Handlungsziele erreichen und dazu den am wenigsten aufwändigen Weg einschlagen; Befolgen bewährter Rezepte ohne großes Zweifeln, ohne Erwägen von Alternativen und Innovationen – am besten durch Habitualisierung, die das Nachdenken über Entscheidungen weitgehend erspart. Dieses Grundmuster regelt nicht nur die materiellen Tätigkeiten; es leitet gleichermaßen die mentalen und bestimmt damit, so meine These, auch die verschiedenen ästhetischen Praktiken im Alltagsmodus.

Für den Gebrauch ästhetischer Angebote gilt zwar definitionsgemäß, dass sie als ästhetische den Relevanzen und Handlungsverpflichtungen des praktischen Lebens enthoben sind. Zugleich bleiben sie aber insofern im Rahmen von Alltag, als auch ästhetische Erwartungen und Praktiken durch den »kognitiven Stil pragmatischer alltäglicher Interessen« (Grathoff 1995: 143) geleitet sind. Das zeigt sich in Merkmalen wie dem Streben nach möglichst kurzen und effektiven Wegen zum Ziel möglichst intensiven, »Wohlgefallen« und »Lust« (Kant) erzeugenden ästhetischen Erlebens; in der Nutzung der Sinne und des Körpers als Mittel hierzu; in der Neigung, intellektuelle Reflexion, Herausforderung und Anstrengung im Rahmen eines befriedigenden Verhältnisses von Aufwand und Ertrag zu halten; schließlich darin, wie hoch die

Brauchbarkeit ästhetischer Interaktion zur Bearbeitung eigener Lebensprobleme geschätzt wird.

Ästhetische Praktiken sind motiviert durch die Erwartung eines komplexen Bündels an Empfindungen und Assoziationen (Maase 2022, Kap. 2, 4, 5). Sie sollen letztlich angenehme Gefühle in der Spanne zwischen Beruhigung und Ekstase erzeugen. Altväterliche Bezeichnungen wie Wohlgefühl oder Gefallen lassen nicht unbedingt Thrill und schockhafte Überraschung assoziieren, eignen sich mit ihrer Diffusität aber vielleicht, um die angestrebte positive Stimmungslage in ihrer Alltäglichkeit zusammenzufassen.

Über die Erwartung konkreter Gratifikationen hinaus liefert dieses Wohlgefühl die Basismotivation für ästhetische Ko-laborationen. Pragmatisch bedeutet in diesem Zusammenhang: Es werden als erfolgreich bewährte, möglichst unaufwändige, routinisierte Handlungspfade zum genannten Ziel eingeschlagen, sozial anerkannte und zur Gewohnheit gewordene Gebrauchsanweisungen befolgt. Zugleich werden die Praktiken bei jeder Realisierung auf die individuelle Wirkung hin überprüft und gegebenenfalls optimiert. Wenn mich ein Film kalt gelassen hat, wird sich das in meiner nächsten Auswahl aus dem Filmangebot niederschlagen. Dabei kann man zurückgreifen auf das Potenzial an Wissen und Erfahrungen, das die erwähnte dialogische Dimension geteilter Praktiken erschließt.

VIER GRUND-MODI SINNLICH-ÄSTHETISCHER WAHRNEHMUNG

Zusammenfassend möchte ich idealtypisch vier Grund-Modi sinnlich-ästhetischer Wahrnehmung (Maase 2022, Kap. 4) formulieren; sie sollen helfen, konkrete alltagsästhetische Praktiken systematisch zu beschreiben und ihre Position im Gesamtspektrum ästhetischer Interaktionen genauer zu fassen. Bei ›Hintergrundwahrnehmung‹ ist etwa an die Rezeption von Musik oder Fernsehen während häuslicher oder außerhäuslich-beruflicher Tätigkeiten zu denken. Ebenso fällt darunter das auf der Grenze zur Bewusstheit schwankende Offensein für Effekte von Licht und Schatten, für Fahrstuhlmusik, für Hauswein in der Pizzeria, für den schicken Pullover eines U-Bahn-Fahrgasts oder Plakatwerbung. ›Geteilte Wahrnehmung‹ wird beispielsweise in Konstellationen wie Musikbegleitung bei Sport und Fitness praktiziert und bei Hören oder Gaming auf mobilen Geräten unterwegs.

Als ›fokussiertes Blättern‹ kann man Konstellationen und Episoden charakterisieren, in denen Personen ein gestaltetes Artefakt oder ein prägnantes, symbolisch aufgeladenes Naturphänomen ins Zentrum ihrer Aufmerksamkeit rücken. In der Freizeit will man eine Serie oder einen Film schauen, eine Ausstellung oder Aufführung besuchen, in die Welt eines Computerspiels eintauchen, etwas lesen oder zugewandt hören. Man kann sich minutenlang in einen Rosengarten, den Anblick der Milchstraße oder ein Gipfelpanorama versenken und den davon ausgelösten Gedanken und Fantasien folgen. Dabei bewegt sich die Zuwendung und schwankt; die Aufmerksamkeit wandert unaufhaltsam von einem Thema zum anderen, verteilt und verengt sich wieder.

Schließlich ist, im Grenzbereich zur professionellen Rezeption, ein Wahrnehmungsmuster vorzufinden, in dem man sich diszipliniert und nachdenkend um konzentrierte und verstehende Rezeption von ›Werken‹ bemüht. Wir dürfen dabei die Bestimmung von Alltäglichkeit als Weise, in der viele Menschen häufig handeln, nicht überziehen. Denken wir etwa an engagierte Fans und Liebhaber (Krischke-Ramaswamy 2007; Kellner 2020). Sie bilden zwar im Gesamt des Publikums nur kleine Gruppen. Doch bewegen auch die sich im Alltäglichkeitsmodus. Sie vertiefen sich mit begrenztem Ehrgeiz und ohne gefühlte Anstrengung in die geliebten Gegenstände, weil besseres Verständnis sie glücklich machen kann. Sie empfinden die Intensität ihrer Zuwendung nicht als Druck, sondern als selbstgewählt, und praktizieren sie durchaus gewohnheitsmäßig, routiniert und vor allem mit ausgeprägter hedonischer Motivation.

Die genannten Modi stellen – wie alle Idealtypen – methodische Krücken dar; man darf sich von ihnen nicht am Gehen hindern lassen. Im gelebten Alltag durchdringen, vielleicht besser noch: ›durchschießen‹ sich Elemente vor allem der drei erstgenannten Modi. Während man die Food-Box für die Kinder zubereitet, erklingt im Radio ein Titel, der einen mitsingen oder körperlich mitschwingen lässt – und Brote, Obst und Getränk für die Kita werden routiniert, ohne Nachdenken eingepackt, vielleicht mit einer halben Sekunde Aufmerksamkeit für die ›eigentlich ganz elegante‹ Saftflasche. Im Auto oder beim Joggen fällt einem plötzlich auf, dass man minutenlang völlig automatisch unterwegs war, dass man keine Umwelt bewusst wahrgenommen hat und der Gefühls- und Gedankenstrom völlig im Bann eines Musikstücks floss.

In der Bahn verpasse ich ›meine Haltestelle‹, weil ich gänzlich in die Geschichte vertieft war, die ich seit ein paar Tagen lese. Beim gemeinsamen Serienschauen meldet sich das Handy und ich muss für ein paar Minuten hinausgehen oder zumindest drei SMS verschicken. Vielleicht entsteht auch ein Disput unter den Schauenden, der plötzlich ins Persönliche geht, und erst nach einiger Zeit kann man sich wieder ganz dem Film zuwenden. Ein Freund erzählt begeistert von einem Krimi, den ich ›unbedingt lesen‹ müsse; um unserer Beziehung willen unterbreche ich meine Döblin-Lektüre, damit ich bald mit dem Freund über seine Entdeckung reden kann. Stress hat mich im Griff, und ich finde erst nach zwei Monaten die Muße, den Döblin weiterzulesen – allerdings auch nur in Zehn-Minuten-Häppchen vor dem Einschlafen. Und so weiter ...

Für die These von der ubiquitären Dominanz alltagsästhetischer Praktiken kann man auch heranziehen, was jüngst Moritz Baßler über »Populären Realismus« und dessen Gebrauch geschrieben hat. Die »Dominante unserer Erzählliteratur« werde inzwischen von »eingängiger Erzählliteratur ›mit Anspruch‹« gestellt, »ohne große Anstrengung zu goutieren [...] und doch mit dem Versprechen verbunden, das Herz der Kultur schlagen zu hören«, »alles well made und mit Tendenz zum Midcult«. »[V]erständliche Sprache, nachvollziehbare Handlungen, Identifikationsfiguren [...] und ethisch-sozial bedeutsame Themen«, »ohne formale Durcharbeitung identifikatorisch mit Kunstanspruch dargeboten«, kennzeichnen einen »Mainstream« von Texten, die Leserinnen und Leser ebenso bewegen und emotional berühren, wie sie sie zum Nachdenken anregen. Diese Qualitäten, so Baßler, unterscheiden sich »kaum von denen, die guter Literatur auch traditionell zugesprochen werden.« (Baßler 2021: 142, 137, 133)

Das »populärrealistische Erzählen« erfüllt mithin seine »Funktion im literarischen Feld [...] überaus kompetent« (ebd.: 149) – eine absolut treffende Einschätzung. Aus meiner Sicht ist das so, weil das Angebot Erwartungen und Aneignungsmustern entspricht, die hier als Elemente alltagspragmatischen Umgangs mit ästhetischen Potenzialen skizziert wurden: Man rezipiert routiniert, sucht ›kurze Wege‹ zum Empfinden des Wohlgefallens und schätzt die Relevanz für Lebensprobleme der Lesenden.

Baßler geht es um literarische Kritik, und aus der hält sich empirische Kulturforschung heraus. Sie versucht zu beschreiben, wieso derartiger »Mainstream« präferiert wird – auf die Gefahr hin, des »impliziten Anti-Elitismus und -Akademismus, die auch Fan Communities pflegen«, geziehen zu werden. So treffend Baßler Schwächen und problematische Vernetzungen ausleuchtet – die polemische Rede von »niedrigqualifizierten Meinungsblasen« wird dem ebenso unbequemen wie massiven Phänomen nicht gerecht (ebd.: 138, 140). Insbesondere verfehlt sie das ästhetische Vergleichs- und Entwicklungs-Potenzial, das im alltäglichen Einsatz dialogischer Routinen, verteilter Aufmerksamkeit und lockeren Erlebens steckt (Maase 2022)..

ORDNUNGEN ÄSTHETISCHER PRAKTIKEN: ALLTAGSMODUS VERSUS EXPERTINNENMODUS

Hinter den bisherigen Überlegungen steht eine Annahme, die wenigstens kurz zu thematisieren ist. Danach dominieren alltagsästhetische Praktiken in allen Bildungs- und Statusgruppen. Sie stellen hier den Standardmodus ästhetischer Interaktion. Sie zeigen viele unterschiedliche Ausprägungen und Kombinationen und bilden bei genauerer Analyse durchaus gruppenspezifische Cluster. Doch deren gemeinsamen Gegenpol finden wir nicht in den Oberschichten und auch nicht unter Personen mit Hochschulabschluss in den neuerdings wegen ihrer sozialen Prägekraft stark beachteten »akademischen Mittelschichten« (Reckwitz). Wohl aber sind sie idealtypisch zu unterscheiden von Normen und Praktiken des Umgangs von Expertinnen und Experten mit ästhetischen Phänomenen – im Folgenden ›Expertïnnenästhetik‹ genannt.

Ästhetik bezeichnet dabei das Regelwerk einer bestimmten Gruppe für die Beschäftigung mit und Bewertung von ›Kunst‹ und ›Schönem‹. Den Expertinnendiskurs tragen Akteure, die beruflich mit als ernsthaft geltender Kunst zu tun haben und in diesem Sinn eine »art world« im Verständnis Howard Beckers (oder auch gattungsspezifische Kunstwelten im Plural) konstituieren: Künstler, Kritikerinnen, Kunst-Wissenschaftler, Händlerinnen, Fachjournalisten, Lektorinnen, Gutachter und Jurorinnen. Aus ihrer Perspektive geht es um eine Ästhetik, deren Gegenstand individuelle Künstler und distinkte Werke bilden.

Hier wird Kunst als unvergleichliches Mittel zu Erkenntnis und Selbstbildung wie als Bedeutungsträger aufgefasst, der Einzigartiges, ›Tiefes‹ zu sagen hat. Zentrale Bewertungskriterien sind dementsprechend die semantische (aussagebezogene) und semiotische (auf die Zeichenstruktur bezogene) Komplexität und die künstlerische Innovation in beiden Bereichen (›Inhalt und Form‹) – was von den Rezipientinnen und Rezipienten entsprechende Anstrengungen zum Nachvollzug verlangt.

Zur Veranschaulichung, wie hart Alltags- und Expertinnenästhetik aufeinanderprallen und warum, kann eine Untersuchung der Wissenschaftsforscherin Marie Antoinette Glaser dienen. Sie hat beobachtet, wie Studierende der Literaturwissenschaft in der Einstiegsphase »umerzogen« werden: Sie sollen gewohnte alltagsästhetische Einstellungen und Routinen überschreiben, indem sie einen »wissenschaftlichen« Umgang mit Belletristik habitualisieren. Im Kern geht es den Lehrenden um »Distanzierung vom persönlichen emotionellen Erleben«. Das von den Studienanfängern mitgebrachte »Bedürfnis nach Unterhaltung, Trost oder Orientierung muss in funktionales Interesse gewandelt werden.« Aus dem alltäglichen Lesen zum Vergnügen wird »Pflichtlektüre« zur möglichst objektiven Beantwortung der Frage, wie Texte funktionieren. »Die Studierenden erleben diese Einforderung der Distanzfähigkeit zum Lesestoff oftmals als schmerzhaften ›Bruch‹, als emotionale Krise. Von FachvertreterInnen wird er als ›Einstiegsritual‹ erwartet und [...] inszeniert. Jetzt wird die Differenz zwischen ›identifikatorischen‹ Leseweisen von Laien und distanzierten wissenschaftlichen Lesetechniken manifest« (Glaser 2005: 115).

Auch Baßlers (2021) Polarisierung von selbstbestätigender Wohlfühllektüre einerseits, auf Wissen und Bemühung basierender Kritik andererseits spricht für die Arbeitshypothese: Beim Versuch, Regularitäten, Strukturmuster ästhetischer Interaktionen in unserer Gesellschaft herauszuarbeiten, ist es sinnvoll, idealtypisch zwischen Ästhetiken von expertenhaften und ›alltäglichen‹ Kolaborationen zu unterscheiden. Wichtig ist dabei: Unterschieden werden nicht Gruppen von Menschen, sondern Konstellationen, in denen systematisch unterschiedliche ästhetische Praktiken vollzogen werden. Holzschnittartig gegenübergestellt, steht auf der einen Seite die Nutzung ästhetischer Angebote in der Zeit jenseits der Berufs- und Care-Arbeit oder in Nischen, die man sich auf dem Arbeitsweg oder in Pausen schafft. Dabei ist man umgeben von Personen, die ihre Wünsche nach Schönem, Bewegendem, Herausforderndem oder Tröstendem auf gleiche Weise zu erfüllen suchen. Auf der anderen Seite finden wir Ästhetik als Erwerbstätigkeit mit entsprechender Ausbildung, umgeben von Personen, die denselben Beruf leben. Wichtigste Umgangsform ist die sprachliche Kommunikation – in der Lehre, beim Kuratieren, Publizieren, Verkaufen oder kritischen Einordnen.

Auch solche Experten haben allerdings Freizeit und Nischen in der Arbeit. Als Opernbesucherinnen schätzen sie wahrscheinlich betörende Melodien, visuell markante Ausstattung und stimmliche Leistung, im Popkonzert das Erleben von Verschmelzung und Hinweggetragenwerden – hier folgen sie alltagsästhetischen Mustern wie der größte Teil des Publikums. Zu unterscheiden sind also nicht Laien und Expertinnen als reale soziale Gruppen, sondern Alltag und Profession als Handlungsmodi. Es geht dabei nicht um die soziologische Analyse kultureller Strukturen, sondern um angemessene forschungsleitende Konzepte für die empirische Kulturwissenschaft. Die vorgeschlagenen, idealtypisch entwickelten Begrifflichkeiten sollen treffendere, dichtere und damit auch differenziertere Beschreibungen ermöglichen.

›KLASSENLOS‹?

Die These, wonach alltagsästhetische Praktiken hierzulande, quer zu allen sozialstrukturellen Unterscheidungen, den allgemeinen Standard, die ›Normalvariante‹ des Umgangs mit ästhetischen Angeboten darstellen, ist zweifellos kontraintuitiv. Die von Bourdieu (1982) klassisch formulierte Idee unterschiedlich verteilter kultureller Kapitalien und deren Verknüpfung mit Macht- und Hegemonialbeziehungen (insbesondere über Distinktionspraktiken) gehört heute zum Common Sense der Kulturwissenschaften. Auslegungen und Gewichtung des Sachverhalts werden kontrovers diskutiert; zugleich sieht es so aus, als würden Statistiken wie Alltagserfahrungen die grundlegend kritische Sicht dauernd neu bestätigen. Auch aus diesem Grund werden wir die Debatte über die Qualität(en) des Populären nicht los.

Schauen wir genauer, wie der gängige Konsens argumentativ zustande kommt. Die Ungleichverteilung kultureller Praktiken wird vor allem an unterschiedlichen Orten, Medien und Gegenständen festgemacht: Wer geht in die Oper, wer streamt den ganzen Tag Chartsmusik? Wer liest Bücher, und wer sitzt an der Spielkonsole? Orten und Medien werden intuitiv Wert- und Qualitätsunterschiede der dort ausgeübten Praktiken zugewiesen – nicht aufgrund solider empirischer Befunde, sondern aufgrund weitgehend fragloser Annahmen über Unterschiede in der Komplexität, der ästhetischen Substanz, dem Konzentrationsanspruch und Herausforderungscharakter der dort jeweils gebotenen Texte. Eine Oper ist komplexer als ein Hitparadensong, und entsprechend gelten die ins Opernhaus mitgebrachten Erwartungen und das dort erzeugte ästhetische Erleben als komplexer. Opernereignisse werden von kritisch-anspruchsvollen Diskursen begleitet, über Popmusik streitet man sich im Internet mit Äußerungen von nicht mehr als drei Worten. Stabilisiert wird dieses Bild durch Untersuchungen, die öffentlichkeitswirksam den weit überdurchschnittlichen Anteil von Personen mit höheren Bildungsabschlüssen am Publikum der ›Hochkultur‹ belegen. In diesem Modell selektieren die ›Werke‹ sozusagen ihr Publikum entsprechend dessen ›Geschmack‹, Kompetenzen und Genussniveaus.

Substanziell lässt sich diese Sicht allenfalls als eine plausible Hypothese betrachten. Deren Grundannahme kann man etwa so formulieren: ›Das Hochkulturpublikum praktiziert andere – anspruchsvollere, aufwändigere, stärker reflektierende und analytische – Weisen ästhetischer Rezeption als das Mainstream-Publikum. Es beherrscht, präferiert und genießt diese Praktiken, weil es über eine höhere Bildung verfügt.‹ Überprüft wurde die Annahme bisher nicht systematisch; das ›Wie‹ des eigentlichen Gebrauchs von Kunst war für die einschlägige Forschung kein erstrangiges Thema.

Der Basisbefund ungleich verteilter ästhetischer Präferenzen und Repertoires und damit verbundener sozialer Hierarchisierungspraktiken ist zwar empirisch weit entfernt von dem tendenziell binären Modell des Common Sense, er ist jedoch nicht grundlegend in Frage zu stellen. Aber es scheint geboten, analytisch die Praktiken und Erwartungshorizonte ästhetischen Erlebens deutlich zu trennen von den Praktiken der Präsentation und Repräsentation – der ›Inszenierung‹ – verschiedener kultureller Repertoires. Dass nämlich Erwartungen und Praktiken (das ›Wie‹ des Gebrauchs) quer durch Orte, Gegenstände und Medien ästhetischer Interaktion weithin von den Mustern alltagsästhetischen Erlebens bestimmt und in diesem Sinne ›klassenlos‹ sind, das scheint doch ernsthafter Prüfung wert.

Für die Hypothese sprechen seit langem schon empirische Befunde; bereits im 19. Jahrhundert weist die Nutzung des bürgerlichen Unterhaltungsbetriebs in diese Richtung (Maase 2014). 1986 kam eine Studie von Dollase/Rüsenberg/Stollenwerk zu dem kontraintuitiven Ergebnis, dass das Publikum ›anspruchsvoller‹ Konzerte (Klassik, Jazz, Liedermacher) von der Musik deutlich häufiger Freude, Entspannung und Trost erwartete als das Publikum von Schlager-Konzerten. Seit der Veröffentlichung der »Allesfresser«-Hypothese (Peterson/Kern 1996), wonach die mit großem kulturellem Kapital ausgestatteten Gruppen zunehmend als ›populär‹ angesehene Angebote in ihren Lebensstil einbeziehen, wird kontrovers diskutiert. Auf der einen Seite wurde wiederholt festgestellt, dass Gruppen mit hohem sozialem und kulturellem Kapital nicht nur umfänglich teilhaben an Genres, die dem ›Mainstream‹ zugerechnet werden – auch ihre Erwartungen und Nutzungsweisen weisen über das gesamte Spektrum der Künste hinweg eindeutige Ähnlichkeiten mit denen des Durchschnittspublikums auf. So kam eine Studie unter deutschen Kinobesucherinnen zum Ergebnis, die Befunde sprächen »nicht für eine starke Prägung der Filmrezeption durch das kulturelle Kapital von Personen« (Rössel/Bromberger (2009: 506). Menschen mit hohem filmspezifischem kulturellem und großem sozialem Kapital besuchten zwar etwas häufiger Arthouse-Kinos, nutzten aber ebenso Genres wie Fantasy, Action, Science-Fiction, Kostümfilme und »Feelgoodfilme« (Liebesfilme, Komödien). In ihren Gesprächen zum Gesehenen spielten »dekodierende« Aspekte ebenso eine Rolle wie »oberflächliche, vordergründige Effekte« (ebd.: 502). Das Resümee lautet: »Die Ausstattung von Personen mit verschiedenen Arten von kulturellem Kapital hat durchaus einen Einfluss auf deren Geschmack und Rezeptionsformen, errichtet dabei aber ganz offensichtlich keine unüberwindlichen Gegensätze« (ebd.: 506). Das spricht für eine gradualistische Betrachtung (Maase 2020).

In einer weiteren Studie wurde 2005 das Opernpublikum einer ostdeutschen Großstadt befragt, von dem 61 % über einen Fachhochschul- oder Hochschulabschluss verfügten. In wesentlichen Punkten bestätigen die Befunde Dollase/Rüsenberg/Stollenwerk (1986). Mit einem gewissen Erstaunen stellt die neue Untersuchung (in problematisch wertender Sprache) fest, »dass auch im Bereich der Opernmusik, als einem prototypischen Beispiel für die klassische Hochkultur, oberflächliche, emotionale und eskapistische Zugangsweisen im Publikum verbreitet sind« (Rössel 2009: 251).

Zugespitzt formuliert: ›Bildung‹ und Wissen über Kunstgenres stehen nicht im Gegensatz zu Präferenzen für ›Mainstream‹-Angebote und zur Schätzung von deren sinnlichen wie emotionalen ›Oberflächen‹-Effekten. Derartige Befunde beruhen allerdings auf Selbstaussagen und der Interpretation von Gruppendiskussionen. Eine Beobachtung der realen Praktiken von Zuwendung, Interaktion und Response gab es bisher nicht. Sie wäre zugegebenermaßen methodisch ausgesprochen herausfordernd, aber keineswegs unmöglich. In diesem Zusammenhang ist ein Experiment aus dem Jahr 1977 einschlägig. Der WDR hatte 563 Testhörern dreimal den Schluss des letzten Satzes der 4. Sinfonie von Anton Bruckner in einer Schallplattenaufnahme vorgespielt. Dazu gab man die Information, die erste Einspielung sei ein Dirigat von Karl Böhm, die zweite von Leonard Bernstein und die dritte von Herbert von Karajan. Hörerinnen und Hörer sollten mitteilen, welche Version ihnen am besten gefallen habe und warum. »Vor allem die Liebhaber und Kenner der klassischen Musik wussten sehr differenziert über ihre verschiedenen Höreindrücke zu berichten und ihr Gefallensurteil zu begründen« (Rösing/Petersen 2000: 83), offensichtlich inspiriert durch ihr Wissen über die Dirigenten. Nur 18 % der Hörerinnen gaben an, keine Unterschiede wahrgenommen zu haben. In dieser Gruppe war der Anteil von Arbeitern und Angestellten besonders hoch – und sie hatten am genauesten gehört: Es war dreimal dieselbe Aufnahme erklungen (Müller/Rempe 2015: 9).

Die Musikhistoriker Müller und Rempe (ebd.) kommentieren: Die »selbsternannten Kenner« hätten demonstriert, was schon Adorno den von ihm so genannten »Bildungshörern« ankreidete – dass sie ihre durchaus begrenzte Hörfähigkeit mit der Zurschaustellung interpretatorischen Wissens zu kompensieren suchten. Jedenfalls sollte man nicht fraglos davon ausgehen, dass ästhetische Diskurskompetenz automatisch mit offenem, genauem, zugewandtem Wahrnehmen gleichzusetzen ist. Wissen kann die Wahrnehmung sogar fehlleiten.

Diesem Gedanken folgen auch van Keeken (2014) und Vogt (2019), wenn sie in der »Allesfresser«-Debatte die anhaltende Distinktionsinszenierung eines ästhetisch offen-pluralen Habitus seitens der ›Omnivoren‹ betonen. Ob dies wirklich mit reicherem, zugewandterem Interagieren und Erleben verbunden sei, darüber gebe es kaum wissenschaftliches Wissen. Auf jeden Fall ist die ästhetische Aneignung analytisch scharf zu trennen von den – weiterhin auf Hierarchisierung zielenden – Repräsentationspraktiken, mit denen solche Aneignungen geschmückt und durchdrungen werden. Zu verfolgen wäre die Hypothese, wonach der Diskurs für die »Allesfresser« ein wesentliches Instrument aufrechterhaltener bzw. für Pop neu erlernter Distinktion bildet, während ihr Umgang und Erleben mit den ästhetischen Texten sich veralltäglicht und sich damit den Modi gewöhnlicher Nutzerinnen annähert.

Wie hierüber besseres Wissen zu erlangen sei, war bereits Gegenstand von Gert Selles Überlegungen zur »sozialästhetischen Empathie«.

»SOZIALÄSTHETISCHE EMPATHIE«

Eine Fokussierung auf konkrete ästhetische Praktiken und deren ›Alltäglichkeit‹ verfolgt vor allem zwei Absichten. Zum einen eine (wenn man so will) empiristische. Wir verfügen über eine ganze Reihe Daten, aus denen man sich ein Bild von der Nutzung von Kunst, Unterhaltung, Vergnügen machen kann – ein statistisches Bild, in dem alle Details und viele Merkmalkombinationen, insbesondere die von kleineren Gruppen praktizierten, verschwinden. Man übertreibt kaum, wenn man feststellt, dass wir auf die simple Frage ›Was kommt eigentlich innerhalb einer Woche an Kunst, Unterhaltung, Vergnügen im Leben von Klaus Müller und Lisa Musterfrau konkret vor, welche Texte und Dinge, in welchen Kontexten und mit welchem Response?‹ nicht den Hauch einer wissenschaftlichen Antwort haben. Es gibt nicht einmal Einzelfallstudien, die eine solche Frage verfolgen. Und wenn wir im Sinne der neueren Ästhetik Kunst nicht auf die klassischen Sparten und deren massenkulturelle Pendants beschränken, sondern nach den ästhetischen Episoden (Gerhard Schulze) mit Mode und Design, Gartengestaltung und Schausport schauen, dann stehen wir vor einer ebenso peinlichen Wissenslücke. Anliegen dieses Essays ist es, das nicht länger zu akzeptieren, vielmehr die ›terra incognita‹ wenigstens von den Rändern her ein Stück weit zu erkunden und zu kartieren.

Die zweite Absicht zielt auf die Selbstreflexion der klassischen wie der empirischen Kulturforschung. Sie beruht auf einer Hypothese Gert Selles (1983: 104). Wir lassen uns nicht ein darauf, so schrieb er gegen alle Forderungen nach Geschmackserziehung, »mit welcher Intensität des Wünschens, mit welchem Beharrungsvermögen und mit welchem Schönheitssinn Massen von Normalgebrauchern an ihren Vorstellungen festhalten«. Aus ästhetischem Erkenntnisinteresse gelte es jedoch, vorbehaltlos – wenngleich nicht ohne Kritik! – nach der Bedeutung dieser »hedonistische[n]« (ebd.: 111) Praktiken für die Handelnden zu fragen. Dazu müsse man sich in ihre Sichtweise versetzen. »Eine Art sozialästhetische Empathie täte not gerade in Situationen, in denen alte, verinnerlichte Wertsysteme uns immer wieder einen Streich spielen« (ebd.: 110). Und welcher Kulturwissenschaftler könnte mit Gewissheit sagen, er oder sie habe im Laufe der disziplinären Sozialisation keine möglicherweise problematischen Paradigmen für den Blick auf die ästhetischen Praktiken von »Normalgebrauchern« übernommen?

Selle skizzierte geradezu ein Forschungsprogramm zum Studium der Alltagsästhetik. Ins Zentrum stellte er die dichte Beschreibung der Phänomene. Erst aus der Nähe würden sie die »Fülle von spezifischen Bedeutungen und Handhabungszusammenhängen [offenbaren]. Diese nur im Gebrauch konkret verwirklichten, unsichtbaren Eigenschaften sind nur durch mikro-soziologische Analysen zu erfassen, durch Fallstudien, durch die teilnehmende Beobachtung in sehr kleinen Feldern des typischen Massenkulturgebrauchs, durch die Verknüpfung mit Lebens- und Sozialgeschichte, oder in der beobachtenden Selbstteilnahme an unserer Massenkultur« (ebd.: 107).

In diesem Punkt hat sich die Forschungslage seit 1983 nicht grundlegend verändert. Mir scheint, Selles Intervention hat weder an Berechtigung noch an Treffsicherheit verloren. ◆

LITERATUR

◆ ALKEMEYER, THOMAS (2013): Subjektivierung in sozialen Praktiken. Umrisse einer praxeologischen Analytik. In: Ders. et al. (Hg.): Selbst-Bildungen. Soziale und kulturelle Praktiken der Subjektivierung. Bielefeld. S. 33-68. ◆ BASSLER, MORITZ (2021): Der Neue Midcult. Vom Wandel populärer Leseschaften als Herausforderung der Kritik. In: Pop. Kultur und Kritik, H. 18, S. 132-149. ◆ Benjamin, Walter (1963): Das Kunstwerk im Zeitalter seiner technischen Reproduzierbarkeit [1936]. Frankfurt a.M. ◆ BOURDIEU, PIERRE (1982): Die feinen Unterschiede. Kritik der gesellschaftlichen Urteilskraft. Frankfurt a.M. ◆ BREUNIG, CHRISTIAN/HANDEL, MARLENE/KESSLER, BERNHARD (2020): Massenkommunikation 1964-2020: Mediennutzung im Langzeitvergleich. In: Media Perspektiven, H. 7-8, S. 410-437. https://www.ard-werbung.de/media-perspektiven/fachzeitschrift/2020/detailseite-2020/massenkommunikation-1964-2020-mediennutzung-im-langzeitvergleich [12.11.2021]. ◆ DOLLASE, RAINER/RÜSENBERG, MICHAEL/STOLLENWERK, HANS J. (1986): Demoskopie im Konzertsaal. Mainz. ◆ FELSKI, RITA (2020): Hooked: Art and Attachment. Chicago. ◆ GLASER, MARIE ANTOINETTE (2005): Literaturwissenschaft als

Wissenschaftskultur. Zu den Praktiken, Mechanismen und Prinzipien einer Disziplin. Hamburg. • **GÖTTLICH, UDO/HEINZ, LUISE/HERBERS, MARTIN R. (HG.)** (2017): Ko-Orientierung in der Medienrezeption. Praktiken der Second Screen-Nutzung. Wiesbaden. • **GRATHOFF, RICHARD** (1995): Milieu und Lebenswelt. Einführung in die phänomenologische Soziologie und die sozialphänomenologische Forschung. Frankfurt a.M. • **HÄMMERLING, CHRISTINE** (2017): Augmentierte Rezeptionsweisen von serialisierten Fernsehprodukten? Der »Tatort« im Second-Screen-Watching. In: Udo Göttlich et al. (Hg.): Ko-Orientierung in der Medienrezeption: Praktiken der Second Screen-Nutzung, Wiesbaden, S. 89-104. • **HECKEN, THOMAS** (2010): Populäre Kultur, populäre Literatur und Literaturwissenschaft. Theorie als Begriffspolitik. In: Journal of Literary Theory 4/2, S. 217-233. • **HECKEN, THOMAS** (2016): Popular Culture. In: Jens Gerrit Papenburg/Holger Schulze (Hg.): Sound as Popular Culture. A Research Companion. Cambridge (Mass.)/London, S. 37-44. • **HENNION, ANTOINE** (1997): Those Things that Hold us Together. In: Cultural Sociology 1/1, S. 97-114. • **HENNION, ANTOINE** (2005): Pragmatics of Taste. In: Mark D. Jacobs/Nancy Weiss Hanrahan (Hg.): The Blackwell Companion to the Sociology of Culture. Oxford, S. 131-144. • **HENNION, ANTOINE** (2015): The Passion for Music: A Sociology of Mediation [La passion musicale: Une sociologie de la médiation (1993)]. London und New York. • **HIGHMORE, BEN** (2011): Ordinary Lives. Studies in the Everyday. London und New York. • **HIRSCHAUER, STEFAN** (2016): Verhalten, Handeln, Interagieren. Zu den mikrosoziologischen Grundlagen der Praxistheorie. In: Hilmar Schäfer (Hg.): Praxistheorie. Ein soziologisches Forschungsprogramm. Bielefeld, S. 45-67. • **KELLNER, KARINA** (2020): Fan-Sein als alltägliche und kulturelle Aneignungspraxis. Faszination – Motivation – Rezeption. Münster. • **KRISCHKE-RAMASWAMY, MOHINI** (2007): Populäre Kultur und Alltagskultur. Funktionelle und ästhetische Rezeptionserfahrungen von Fans und Szenegängern. Konstanz. • **LÖFFLER, PETRA** (2014): Verteilte Aufmerksamkeit. Eine Mediengeschichte der Zerstreuung. Zürich und Berlin. • **MAASE, KASPAR** (2014): Wie »bürgerlich« waren Massenvergnügen und -unterhaltung im Deutschland der zweiten Hälfte des 19. Jahrhunderts? In: Roland Prügel (Hg.): Geburt der Massenkultur. Nürnberg, S. 134-142. • **MAASE, KASPAR** (2019): Populärkulturforschung. Eine Einführung. Bielefeld. https://www.transcript-verlag.de/978-3-8376-4598-9/populaerkulturforschung/ [19.11.2021]. • **MAASE, KASPAR** (2020): Überlegungen zum ästhetischen Wahrnehmen, Erleben und Erfahren als Kontinuum. In: Brigitte Frizzoni/Christine Lötscher (Hg.): »Bring me that horizon!« Neue Perspektiven auf Ästhetik und Praxis populärer Literaturen und Medien. Zürich 2020, S. 23-32. • **MAASE, KASPAR** (2022): Schönes alltäglich erleben. Über die Ästhetisierung der Kultur. Bielefeld. • **MAYE, HARUN** (2019): Blättern / Zapping. Studien zur Kulturtechnik der Stellenlektüre seit dem 18. Jahrhundert. Zürich. • **MÜLLER, SVEN OLIVER/REMPE, MARTIN** (2015): Vergemeinschaftung, Pluralisierung, Fragmentierung. Kommunikationsprozesse im Musikleben des 20. Jahrhunderts. In: Müller, Sven Oliver/Osterhammel, Jürgen/Rempe, Martin (Hg.): Kommunikation im Musikleben. Harmonien und Dissonanzen im 20. Jahrhundert. Göttingen, S. 9-24. • **PAÁL, GÁBOR** (2003): Was ist schön? Ästhetik und Erkenntnis. Würzburg. • **PETERSON, RICHARD A./KERN, ROGER M.** (1996): Changing Highbrow Taste: from Snob to Omnivore. In: American Sociological Review 61, S. 900-907. • **RECKWITZ, ANDREAS** (2003): Grundelemente einer Theorie sozialer Praktiken. Eine sozialtheoretische Perspektive. In: Zeitschrift für Soziologie 32/4, S. 282-301. • **RÖSING, HELMUT/PETERSEN, PETER** (2000): Orientierung Musikwissenschaft. Was sie kann, was sie will. Reinbek. • **RÖSSEL, JÖRG** (2009): Kulturelles Kapital und Musikrezeption. Eine empirische Überprüfung von Bourdieus Theorie der Kunstwahrnehmung. In: Soziale Welt 60, S. 239-257. • **RÖSSEL, JÖRG/BROMBERGER, KATHI** (2009): Strukturiert kulturelles Kapital auch den Konsum von Populärkultur? In: Zeitschrift für Soziologie 38/6, S. 494-512. • **ROTH, GERHARD** (2003): Fühlen, Denken, Handeln. Wie das Gehirn unser Verhalten steuert. Frankfurt a.M. • **SAITO, YURIKO** (2019): Aesthetics of the Everyday. In: Edward N. Zalta (Hg.): Stanford Encyclopedia of Philosophy – Archive. https://plato.stanford.edu/archives/win2019/entries/aesthetics-of-everyday/ [22.11.2021]. • **SCHÄFER, HILMAR** (2016): Praxis als Wiederholung. Das Denken der Iterabilität und seine Konsequenzen für die Methodologie praxeologischer Forschung. In: Ders. (Hg.): Praxistheorie. Ein soziologisches Forschungsprogramm. Bielefeld, S. 137-159. • **SCHÜTZ, ALFRED** (1971): Über die mannigfaltigen Wirklichkeiten. In: Ders.: Gesammelte Aufsätze I. Das Problem der sozialen Wirklichkeit. Den Haag, S. 237-298. • **SCHÜTZ, ALFRED/LUCKMANN, THOMAS** (2017): Strukturen der Lebenswelt [1975]. 2., überarb. Aufl.; erneut durchgesehene, editorisch bearbeitete und mit einer Einführung versehene Ausgabe von Martin Endreß. Konstanz, München. • **SELLE, GERT** (1983): Es gibt keinen Kitsch – es gibt nur Design. Notizen zur Ausstellung »Das geniale Design der 80er Jahre«. In: Kunstforum International, Bd. 66, S. 103-111. • **VAN KEEKEN, ALAN RUBEN** (2014): Musikgeschmack und Klassenstruktur. »Guter Geschmack«, kulturelles Kapital und der musikalische »Allesfresser«. In: Z. Zeitschrift Marxistische Erneuerung 97, S. 101-114. https://zeitschrift-marxistische-erneuerung.de/article/1163.musikgeschmack-und-klassenstruktur.html [17.11.2021]. • **VOGT, JÜRGEN** (2019): Der musikalische Bildungskanon – ein bürgerliches Trauerspiel? Zum Funktionswandel musikalischer Kanonisierungen in der Schule. In: Zeitschrift für Kritische Musikpädagogik 18, S. 1-26. https://www.zfkm.org/archiv/jahrgang-2019/ [23.11.2021].

Bei den folgenden Bildern handelt es sich um eine Auswahl an Arbeiten von Eszter Magyar, die auf ihrem programmatischen Instagram-Profil @makeupbrutalism einen kritisch-feministischen Blick auf die Funktion von Kosmetik wirft.
www.instagram.com/makeupbrutalism

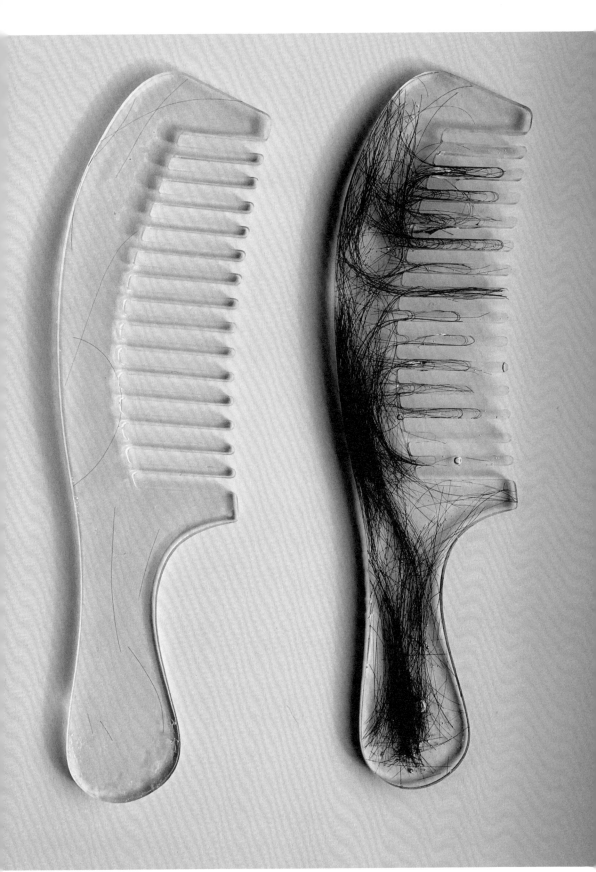

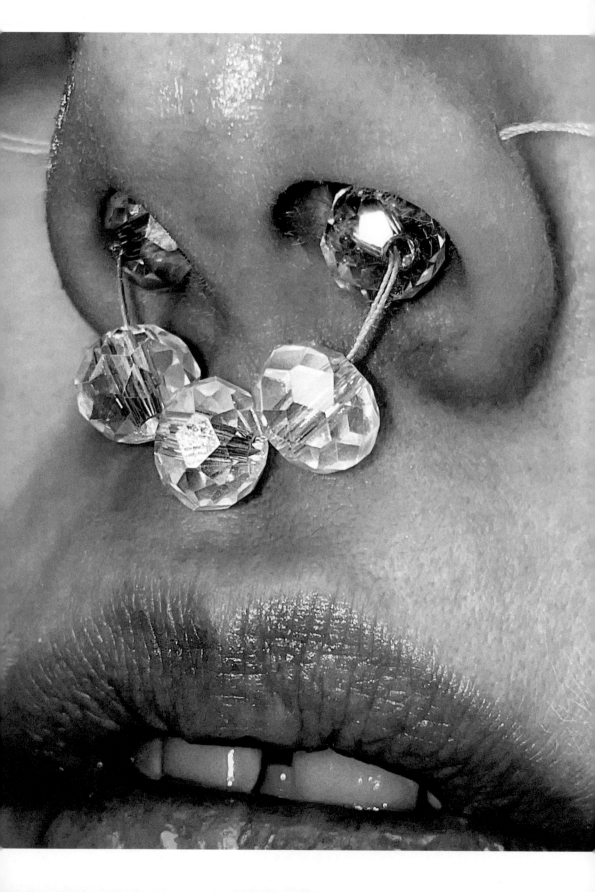

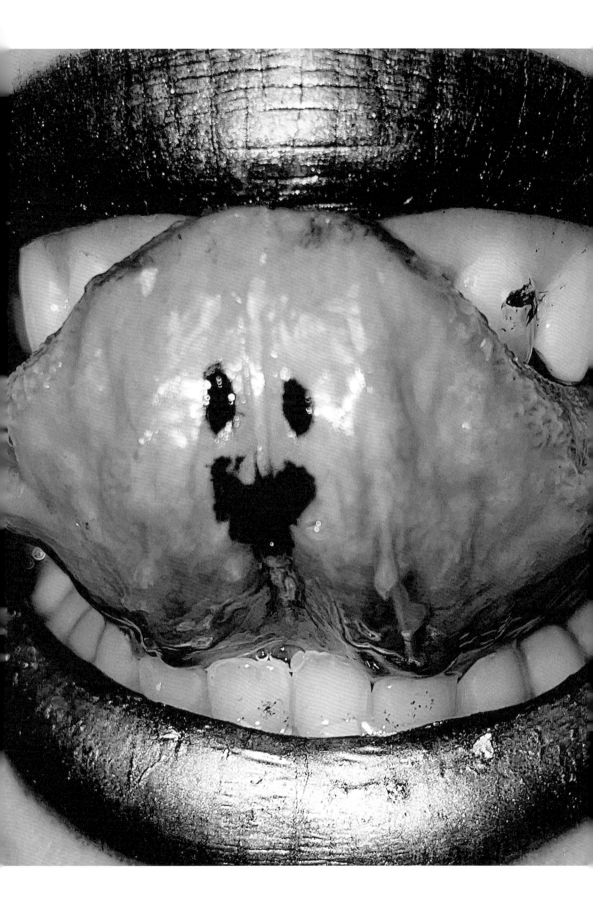

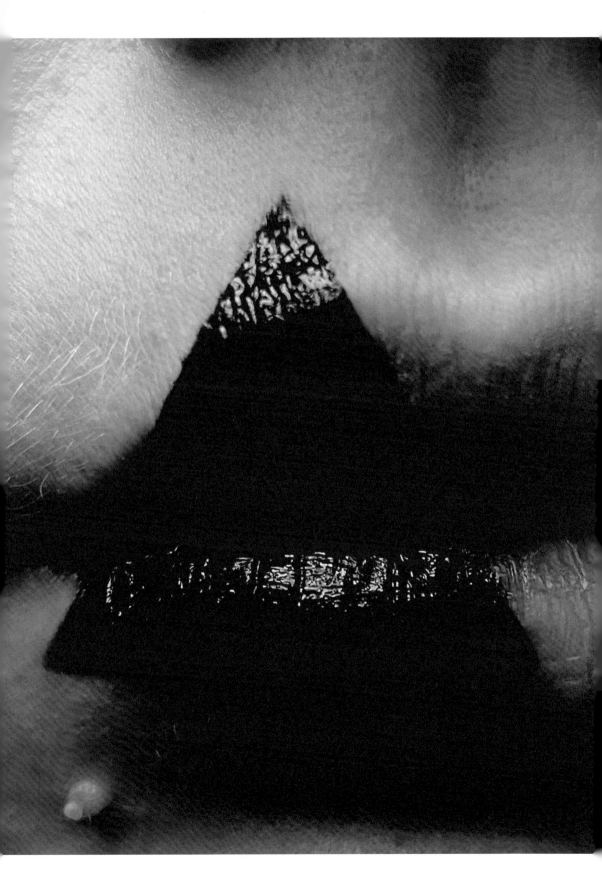

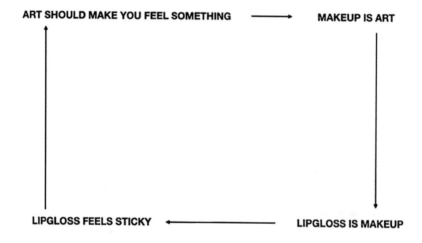

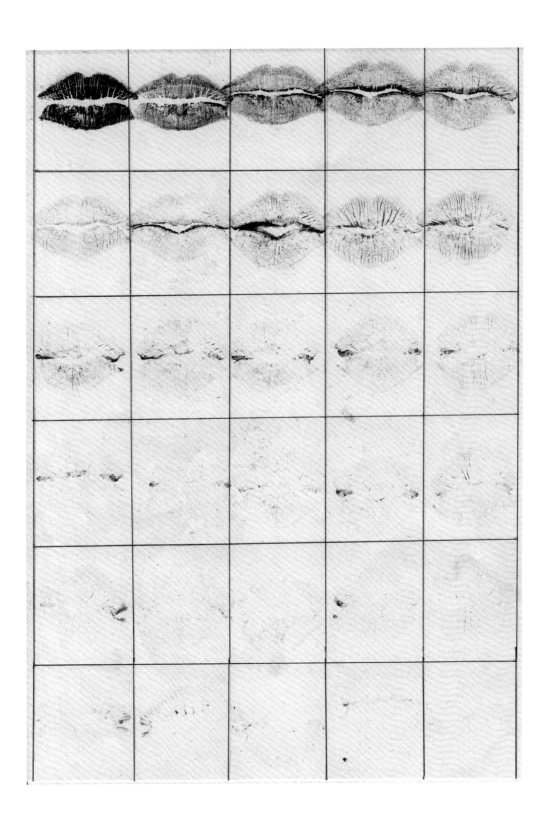

how long does it take to fade away ?

ESSAY

DIE WIKINGER
Über die medialen Wanderungen eines vergangenen Volks durch erfundene Welten

Hans J. Wulff

◆

Wer kennt ihn nicht, den prototypischen Wikinger? Einen wilden Gesellen mit langem Bart, der raubend und mordend durch das Land zieht? Wie aus einem fernen Nichts mit Drachenbooten angelandet, ebenso schnell wieder im Nichts verschwindend? Der brandschatzt, Frauen schändet, Kinder und Alte und alle anderen umbringt? Den man leicht erkennt an seiner Fellkleidung und an einem seltsamen Helm, aus dem zwei Hörner hervorragen? Der sich gerne betrinkt (meist aus Trinkhörnern) und mit den anderen Männern zusammen Martialisches singt? Dem man nachts nicht begegnen möchte?

Das Trinkhorn ist immerhin als Gefäß der Wikingerzeit auch aus Ausgrabungen belegt, anders als viele andere Accessoires, die heute mit dem Wikingermythos fest verbunden sind (vgl. Ellmers 1964/65; Langer 2002). Es ist nicht einmal klar, ob es sich nur um ein einziges Volk handelt – es war wohl eine ganze Reihe von Völkerschaften aus den nordeuropäischen Ländern und aus dem Baltikum, die um 800 aus dem Nebel der Geschichte auftauchten, mit schnellen Schiffen an westeuropäische Küsten segelten und dort Ortschaften und vor allem Klöster überfielen und ausraubten. Einige Länder nahmen sie sogar in Besitz. Um 1050 verschwinden sie wieder aus der Geschichte, genauso lautlos, wie sie gekommen waren. Heiden, der altgermanischen Götterwelt verpflichtet. Vielleicht im Kampf gegen die Zwangschristianisierung des Abendlandes nach 800. Ein Volk ohne schriftliche Überlieferung. Die meisten Zeugnisse verdankt die Nachgeschichte den Aufzeichnungen von Zeugen. Der Ausdruck ›Wikinger‹ ist erst seit dem 11. Jahrhundert nachweisbar, vorher war von ›Gauten‹ die Rede – eine Bezeichnung, deren Etymologie ebenso unklar ist wie der ›Wikinger‹ selbst (vgl. Zettel 1977: 35ff.) –, im osteuropäischen Raum von ›Warägern‹ (einer Teilgruppe der Wikinger).

Wikinger: bei aller Ungezügeltheit des Verhaltens die Anführer verehrend. Unvergessen das Bild des toten Häuptlings, der auf einem Schiff eingebettet und mit Grabbeigaben versehen wird, ein Schiff, das aufs Meer hinausgeschoben und des Nachts mit brennenden Pfeilen in Brand geschossen wird. Ein Bild des mythischen Übergangs in die Jenseitswelt Walhallas und der dort lebenden Götter, möchte man notieren, ebenso geheimnisvoll wie das Volk, welches das Ritual vollzieht.

Das Bild findet sich auch im Umkreis der Nibelungen-Saga; noch in der TV-Serie »Die Nibelungen« (BRD 2004, Uli Edel) werden Siegfried und Brunhild in einem brennenden Wikingerschiff bestattet (vgl. Lühe 2020: 340). Im TV-Sketch »Letzte Reise nach Walhalla!« (Sd.: 26.2.2016, ZDF [»Sketch-History«, 5]) wird zudem während der Feier festgestellt, dass nicht nur der Verstorbene auf dem Schiff noch lebt, sondern zudem die Beute des Raubzugs auf dem Schiff ist und mit dem Schiff auch die Möglichkeit der Rückfahrt verloren geht.

Trotz der Häuptlinge: Die Wikinger des kulturellen Gedächtnisses kennen keine Ständeordnung (wie die Ritterkulturen ihrer Zeit), ja scheinen alle Ordnungen zu vermeiden oder sogar abzulehnen. Undenkbar, dass sie in Schlachtordnung in den Kampf zögen, so, wie ihnen das Militärisch-Hierarchische abzugehen scheint! Und auch wenn es ans Feiern geht, kennen sie das Zeremonielle der Ritterfeste nicht, feiern den Anlass eher als anarchisch anmutendes Gelage. Gegenüber der Inszenierung der Macht in steifen Arrangements verhalten sie sich eher den Mustern pubertierender männlicher ›peer groups‹ gemäß. Sind sie ein ungeordnetes, individualistisch orientiertes Gegenbild zu den Ritterwelten? In Monty Pythons »Erik the Viking« (»Erik, der Wikinger«, Großbritannien 1989 [1988], Terry Jones) erklärt ein erfahrener Krieger dem Nachwuchswikinger, der auf der Fahrt zum Erwachsenen werden will, dass er nie »eine richtige Wildsau« werden könne, wenn er so empfindsam bleibe wie auf der Fahrt. Ein Volk der »Wildsäue«, ohne Verständnis oder gar Einfühlung in die Rolle der Opfer? Im Film werden die Wikinger immerhin, des sauf- und rauflustigen Lebens überdrüssig, aus raubeinigen Kriegern zu gewaltlosen Bürgern, als sie Atlantis, das Ende der Welt, die Tiefe des Weltalls und schließlich Walhalla, den Sitz der Götter, erreichen.

Zudem ein Volk ohne große Führerpersönlichkeiten. Tritt einmal ein König auf und fordert Tribut und Vasallenunterwerfung, formiert sich Widerstand oder sogar Rebellion (wie der nie selbst auftretende König Gimnir in dem Jugenddrama »Den sidste Viking« [»Der letzte Wikinger«, 1997, Jesper W. Nielsen] zwar das Dorf der Zurückgebliebenen mit seinen Truppen unterwerfen kann, doch haben sich die kampffähigen Männer den Aufständischen im Nor-

10 best Viking legends ever, 1949 © Michael Cox

den angeschlossen). Der einzige Wikinger, der namentlich allgemein bekannt ist, ist Erik Thorvaldsson mit dem Beinamen »Der Rote« (norweg.: Eirik Raude) – aufgrund seines roten Haupt- und Barthaares und weil »Blut an seinen Händen klebte«. Er gründete die ersten skandinavischen Siedlungen in Grönland. Manche Geschichte macht ihn auch zum Entdecker Amerikas – der er nicht gewesen ist; aber vielleicht hat sein Sohn Leif »Der Glückliche« Eriksson die Küste Neufundlands Jahre nach dem Tod des Vaters erreicht (vgl. Krüger 1990; Mohr/Liese 2000; Niedner 1965. Die Ankunft der Wikinger in Neufundland ist dramatisiert worden in »Severed Ways: The Norse Discovery of America« [»Der Pfad des Wikingers – Severed Ways«, USA 2007, Tony Stone]).

Wikinger: ein Seefahrervolk. Mit erstaunlichen nautischen Fähigkeiten, die sie nicht nur in den Westen Europas führten, sondern sogar nach Island und Grönland, und sie sogar als erste Europäer an die Westküste des amerikanischen Kontinents gelangen ließen. Die dort Siedlungen errichteten (also manchmal doch mit Frauen in See stachen). Wikinger gehören zur Geschichte Europas, ohne Zweifel. Sie kamen aus dem Nichts, errichteten Reiche, verschwanden nach zwei Jahrhunderten wieder.

Die Wikingerzeit ist sicher ein Stück der abendländischen Historiografien, ob sie der geschriebenen oder der nur oral tradierten Geschichte entstammen, ist gar nicht so wichtig. Immerhin hinterließen die Nordmänner in England und in Frankreich politische und kulturelle Spuren (als ›Normannen‹). Doch vieles blieb rätselhaft, hinterließ nur Spuren in mönchischen Berichten (denen man auch nicht immer trauen darf). Erst im späten 19. Jahrhundert, im Kontext des populären Interesses an Archäologie und früher Geschichte, angefeuert durch die romantische Neugier auf verdeckte kulturelle und ästhetische Leistungen der Geschichte, durch germanophile Interessen, im Kontext auch der (nazistischen) Suche nach kultureller und rassisch-ethnischer Abstammung und auf der Suche nach einem diffusen ›Ahnenerbe‹, wurde das Wikingertum zum Gegenstand neuer populärer Aneignung (etwa im »Rechtsrock«; vgl. Manea 2020: 218ff.). In der englischsprachigen Literatur ist manchmal vom »viking revival« die Rede (vgl. Wawn 2000; Petersen 2020; Forssling 2020), das vor allem in England in der viktorianischen Literatur des späten 19. Jahrhunderts seinen Niederschlag fand und das man am besten als »Wiederentdeckung der Wikinger« übersetzen müsste.

DIE FRÜHE FILMREZEPTION DER KOLLEKTIVEN VORSTELLUNGSBILDER DES WIKINGERS

Die Wikinger im kulturellen Gedächtnis lebendig zu halten, wurde wohl erst im 19. Jahrhundert zur Aufgabe der Fama, der Dramatisierung und Erzählung – und seit Beginn des 20. Jahrhunderts auch des Films. Diese Filmgeschichte der Wikinger ist noch weitgehend unbeschrieben (ein Verzeichnis der Wikinger-Filme ist im letzten Jahr vorgelegt worden: Wulff/Kaczmarek

2021). Abgesehen von Analysen zu wenigen Einzelfilmen sowie wenigen Versuchen, in Aufsatzform einen Überblick zu bieten – meist allerdings wiederum nur auf äußerst reduzierte Gruppen von Filmen beschränkt –, ist nur der Band »The Vikings on Film: Essays on Depictions of the Nordic Middle Ages« (Harty 2011) zu vermelden, dessen Sammlung einen breiteren Aufblick auf das Feld zu sichern suchte.

Die Wikinger waren viele Dekaden für den Film nur marginaler Stoff. Bis in die 1950er Jahre hinein waren es vereinzelte Geschichten um verbotene Lieben, Entführungen und Befreiungen und finale Hochzeiten. Erst mit den beiden Filmen »Black Knight« (»Unter schwarzem Visier«, USA 1954, Tay Garnett) und »Prince Valiant« (»Prinz Eisenherz«, USA 1954, Henry Hathaway; nach einem Comic von Hal Foster aus dem Jahr 1937) ändert sich das. »The Black Knight« handelt von einem Waffenschmied im Gefolge von König Artus, der seinen Herrn vor einem Verräter beschützen und gleich scharenweise Sarazenen und Wikinger erschlagen muss, und »Prince Valiant« vom Sohn eines entmachteten christlichen Königs, der nach England flieht und die Hilfe von König Artus im Kampf gegen die Wikinger erbittet, ein Kampf, der nach langem Hin und Her gewonnen wird, so dass der Held am Ende nicht nur zum Ritter geschlagen und zum Mitglied der Artus-Runde wird, sondern auch die Prinzessin Aleta heiraten kann. Zwei Ritterfilme, die die Wikinger als feindliche Mächte führen, intrigant, hinterlistig, keines Vertrauens würdig. Ein Volk aus tiefer kultureller Fremde, dem politischen Kodex der Zeit fremd.

Noch interessanter ist hier aber die Tatsache, dass die Wikinger in beiden Filmen sozusagen durch die Hintertür in das Universum der mittelalterlichen Filmfiguren eingeführt wurden. Für das Gelingen von Ritter-Action bedurfte es mächtiger Gegnerfiguren – und das Pittoreske der wilden Gestalten tat ein Übriges, die Schauwerte des Spektakels zu intensivieren.

Schon zwei Jahre später bringt Roger Corman mit »The Saga of the Viking Women and Their Voyage to the Waters of the Great Sea Serpent« (USA 1957) ein Gegengewicht zur martialisch-machistischen Welt des Ritterfilms in die Kinos: Die Geschichte einer Gruppe von Wikingerinnen, die sich auf die Suche nach ihren verschwundenen Männern macht und dabei gegen die Barbaren kämpfen muss, die sie gefangen halten. Nicht die Wikinger als Barbaren also, sondern als ein Gemeinwesen, in dem die Frauen bereit sind, unter Einsatz ihres Lebens ihre Männer zu retten. Cormans Film blieb eine Ausnahme – die Wikingerkultur bleibt in der Filmgeschichte eine Männerkultur. Aber der dramatische Ort der Nordmänner wandert von der Funktion kulturbedrohender Barbaren zur kulturstiftenden Gemeinschaft der erzählten Welt. Und sie werden in die politische Geschichte integriert; schon »The Vikings« (»Die Wikinger«, USA 1958, Richard Fleischer) erzählt vom Kampf zwischen zwei Wikinger-Brüdern um den Thron von Nord-Umbrien (an der

Ostküste Englands zwischen York und Edinburgh). Ritterfilme bedürfen auch einer politischen Bühne, es muss um Machtsphären und deren Kontrolle gehen. So werden die Wikinger zu Teilnehmern an einem größeren Spiel, in dem es nicht mehr nur um private Liebschaften und das Bemühen um Prinzessinnen geht, sondern um politischen und militärischen Einfluss.

Dass Liebe über Machtsphären hinweg strikt untersagt ist und Gefahr bringt, ist sicherlich auch ein Reflex auf das geopolitische Denken der Ära des Kalten Kriegs in den 1950er und 1960er Jahren. Die Konfrontationen der Kulturnationen, die Bedrohung durch barbarische Stämme – die gedankliche Weltordnung des Kalten Krieges findet auf ›westlicher‹ Seite einen Nachhall in populären Barbaren-Figuren; zu ihnen gehören neben den Wikingern auch die Tartaren und Mongolen sowie die Klingonen aus dem »Star-Trek«-Universum (vgl. zu den Hollywood-Konzeptionen Shain 1974; zur mythologischen Herleitung der Figuren z.B. Keevallik 2017; zur tieferen Analyse vgl. Di Carpegna Falconieri 2020).

Eine Liebe über die Grenzen der Machtblöcke ist verpönt oder gar verboten. Darum nimmt es nicht wunder, dass »The Warlord« (»Die Normannen kommen«, USA 1965, Franklin J. Schaffner) über die leidenschaftliche Liebe eines normannischen Lehnsherrn im 11. Jahrhundert zu einer Leibeigenen vom heidnischen Druidenstamm seines flandrischen Besitztums einen tödlichen Zwist heraufbeschwört. Der einer mittelalterlichen Legende folgende »Den røde kappe« (»Hagbard und Signe«, Dänemark/Schweden/Island 1967, Gabriel Axel) erzählt ähnlich von der Liebe des Sohnes eines erschlagenen Vaters zur Tochter des Mörders, eine Geschichte, die im Doppeltod des Paares endet.

Um 1960 entdeckt die italienische Billigfilm-Produktion die Wikinger als Akteure. »Gli Invasori« (»Die Rache der Wikinger«; aka: »Das Königsmal«, Italien/Frankreich 1961, Mario Bava) erzählt die Geschichte von Fleischers »The Vikings« erneut: »I Tartari« (»Die Tataren«, Italien/Jugoslawien 1961 [1960], Richard Thorpe, Ferdinando Baldi) spielt in Russland und handelt von einem Versuch der Tartaren, die slawische Herrschaft des Landes mit Hilfe der Wikinger zu stürzen – doch diese weigern sich. Bedrohung der Kulturen durch äußere Feinde auch hier, nur geht sie nicht mehr von den Wikingern aus, sondern von neuen Gefahrenvölkern. In »I Normanni« (»Die Normannen«, Italien/Frankreich 1962, Giuseppe Vari) müssen Wikinger den englischen König aus der Gewalt seines machtgierigen Rivalen befreien. Die Aufzählung ließe sich leicht verlängern. Historische Dekore, muskulöse Helden, zahllose Kämpfe, meist dürftige oder sogar wirre Handlungen: Die Wikinger der Zeit wirken in einem Verbrauchsfilm-Genre, das keine Ansprüche auf ästhetische Qualitäten legt.

DER SOG DER BRICOLAGE

Nach den Ausgriffen auf die König-Artus-Geschichten in den 1950ern wird auch die Nibelungensage mit den Wikingern vermählt. Während eines gemeinsamen Marsches nach Süden entzweien sich in »Il tesoro della foresta pietrificata« (»Der steinerne Wald«, Italien 1965, Emimmo Salvi) Wikinger und Nibelungen; erstere wollen den Schatz der Nibelungen und das legendäre Walhalla-Schwert in ihren Besitz bringen; und als das zu gelingen droht, muss ein Zweikampf der Anführer die Entscheidung bringen. Gänzlich ins Historisch-Diffuse verirrt sich »The Viking Queen« (»Königin der Wikinger«, Großbritannien 1966, Don Chaffey), ein Film über einen Eroberungsfeldzug der Römer gegen die Wikinger, deren Königin sich aber lieber erdolcht, als sich nach Rom deportieren zu lassen – als Königin der Wikinger und nicht etwa als Führerin eines Aufstands der englischen Ureinwohner gegen die römische Besatzung! Näher am Historischen ist »Alfred the Great« (»Alfred der Große – Bezwinger der Wikinger«, Großbritannien 1969, Clive Donner) über den Kampf der Titelfigur gegen den Versuch von dänischen Wikingern, das Land zu unterwerfen (der Film spielt um 870); Alfred siegt, wird zum König gekrönt, aber zwischen seiner Frömmigkeit und der erst im Krieg gegen die Wikinger entdeckten Leidenschaft für Macht und Gewalt zerrissen.

Es gibt noch einen weiteren Kreis von Sagen und Legenden, der mit den symbol-gefräßigen Wikingerfiguren überlagert wird: die aus dem 6. Jahrhundert stammenden Geschichten von dem antiken Helden Beowulf und dem gefährlichen Monster Grendel (vgl. Haydock/Risden 2013; Magennis 2001; Risden 2010). Die deutlichste Anlehnung findet sich in »Beowulf and Grendel« (»Beowulf & Grendel«, Kanada/Island/Großbritannien 2005, Sturla Gunnarsson), als Beowulf zwar den Drachen tötet, selbst aber dabei stirbt. Schon in dem australischen Animationsfilm »Grendel Grendel Grendel« (1981 [1980], Alexander Stitt) ist die Saga verarbeitet, allerdings aus der Perspektive des Monsters (von Peter Ustinov erzählt). Weitere Varianten des Adaptionskreises sind »Beowulf« (»Beowulf«, USA 1998, Graham Baker, ein Ritterepos mit Techno-Anklängen, oder der TV-Film »Grendel« (»Grendel«, USA 2006 [2007], Nick Lyon), in dem nach Grendels Tod auch noch dessen Mutter auftaucht und gleichermaßen niedergekämpft werden muss, schließlich die Computeranimation »Beowulf« (»Die Legende von Beowulf«, USA 2007, Robert Zemeckis), der zu den ersten digitalen Monster-Filmen zählt. Selbst mit der Figur des Robin Hood wurden die Wikinger gelegentlich in Verbindung gebracht; allerdings blieb der Zusammenhang auf Serienfilme beschränkt (in »The New Adventures of Robin Hood«, 1997, und in der Zeichentrickserie »Robin Hood – Mischief in Sherwood«, 2019).

Seit den 1970ern amalgamieren sich die Wikinger-Bilder mit anderen Komplexen populärkulturellen Wissens und Entertainments. So kommt es zu pornografischen Filmen (von »Die Fickinger« [BRD 1979, Kurt Palm], dem deutschen 30-Minüter-Animationsfilm »Die Fickinger und ihre lüsternen Freunde« [1986] bis zu »Vikingalegenden« [»Die Fickinger blasen ins Horn«, Schweden 2002, Mike Beck]). Erste Kinderfilme entstehen, oft als

Zeichentrickfilme ausgeführt, wie der Langfilm »Bécassine – le Trésor Viking« (»Bécassine und die Jagd nach dem Wikingerschatz«, Frankreich 2001, Philippe Vidal), die weltweit bekannte TV-Serie »Wickie und die starken Männer« (BRD/Japan/Österreich 1972-74) mit 78 Folgen in drei Staffeln nach der Kinderbuchreihe »Wickie« von Runer Jonsson, sowie »Valhalla« (»Walhalla«, Dänemark 1986, Peter Madsen, Jeffrey James Varab) nach Madsens Comic-Buch. Dass Wikinger auch als Serienhelden vom Erwachsenen-Publikum akzeptiert werden, beweist – nach dem Vorläufer »Tales of the Vikings« (USA 1959-60, Elmo Williams) – die kanadisch-irische Serie »Vikings« (2013-2020) mit inzwischen 90 Folgen über die Geschichte des legendären Wikingers Ragnar Lodbrok.

Erwähnung verdient ebenfalls der Einzug von Wikingerdarstellungen in Splatterfilme. Insbesondere die dem Sagenkreis der Wikinger entstammende Figur des Berserkers hat mit den historischen Gegebenheiten oft nichts mehr zu tun. Als ›Berserker‹ wurde in mittelalterlichen skandinavischen Quellen ein im Rausch kämpfender Mensch bezeichnet, der keine Schmerzen oder Wunden mehr wahrnimmt, oft in Bärenfelle gehüllt, Menschenfleisch verzehrend, ein Wesen auf der Schwelle zwischen Mensch und Raubtier (vgl. Oitana 2006; Schmidt 2011). In »Berserker« (»Thor – Krieger der Hölle« bzw. »Thor – Der Berserker Gottes«, Südafrika 2001 [2004], Paul Matthews) werden die verfeindeten Wikinger sogar zu »Odin-Kriegern« transformiert, zu Wesen, die im Kampf keinerlei Rücksicht nehmen, nicht einmal auf das eigene Leben. Zumindest in der Nähe der Berserker-Filme ist auch »Viking: The Berserkers« (»Vikings - Die Berserker«, Großbritannien 2014, Antony Smith) angesiedelt, in dem sich fünf Sachsen im mittelalterlichen Britannien gegen Elite-Wikinger wehren müssen, die Jagd auf sie machen. Wie die Figur schon Jahre vorher zu einer eigenen (allerdings nur selten explizit wiederaufgegriffenen) Handlungsgröße wird, mag der Splatter-Actionfilm »Berserker« (USA 1987, Jefferson Richard) belegen – sechs Jugendliche, Wochenendtrip ins verträumte Rainbow Valley, in dem aber die Reinkarnation eines alten Wikinger-Kriegers, halb Mensch, halb Grizzlybär, »Berserker« genannt, sein blutiges Unwesen treibt.

Neben der Adaption in vor allem TV-spezifischen Formate, der Adaption nordischer Sagen und Legenden, die mit der Geschichte der Wikinger nichts zu tun hatten, sowie der Entwicklung eigener Figuren-Schemata öffneten sich die Wikinger-Filme in den späten 1980ern auch zu den Figurenwelten der Comics, der »Superhelden« insbesondere. Stilbildend wurde »The Incredible Hulk Returns« (»Die Rückkehr des unheimlichen Hulk«, USA 1988, Nicholas Corea), in dem die Marvel-Figur Hulk gegen die Marvel-Figur Thor zum Kampf antreten muss, der ihm allerdings hilft, eine Geheimorganisation zur Strecke zu bringen. Eines ausdrücklichen Hinweises bedarf auch die Figur des Thor, der bereits 1962 zum Comic-Helden wurde – als Entwurf der Marvel-Autoren Stan Lee und Larry Lieber; Jahre später wurde er auch zum Akteur mehrerer Video- und Computerspiele sowie zu einem Element einer reinen Fantasy-Welt.

Verwiesen sei in diesem Zusammenhang zudem auf »Thor: The Dark Kingdom« (»Thor: The Dark World«, USA 2013, Alan Taylor) und das gleichzeitig erschienene Videospiel (vgl. Arnold 2011: 137ff.). Erwähnt seien auch die Videospiele »The Lost Vikings« (1993), »Age of Mythology« (2002) und »For Honor« (2017). Insgesamt sind eine ganze Reihe von Video- und Computerspielen zu verzeichnen, in denen Wikingerfiguren und -götter eine Rolle spielen; dass sie auf einer ähnlichen Imaginarisierung historischen Wissens aufruhen, manchmal in unmittelbarem Zusammenhang mit Filmproduktionen entstanden, ist evident.

Alle diese Beispiele zeigen, wie aus den historischen Wikingern Figurenkonzepte entstehen, die das Material eines Spiels werden, das darin besteht, ihre Charakteristiken oder Teile davon mit anderen Elementen und Strukturen der Populärkultur zu verbinden, sie zu mischen, sie ins Extreme zu steigern. Neuere Populärkultur basiert auf der bastelnden Zusammenfügung des Vorgefundenen (vielleicht sogar Neuerfundenen). Den Konzepten Claude Lévi-Strauss' aus dem von ihm skizzierten »Wilden Denken« kann man sozusagen zuschauen: Bricolage in Aktion. Ein besonders interessantes Beispiel ist das Volk der »Wendol« aus der Michael-Crichton-Verfilmung »The 13th Warrior« (»Der 13. Krieger«, USA 1999, John McTiernan). Die Geschichte beginnt mit dem Hilferuf des Nordkönigs Hrothgar, dass die Wendol, scheinbar übernatürliche Wesen, nach Jahren zurückgekehrt seien, um erneut Angst und Schrecken zu verbreiten. Zwölf Elite-Wikinger und ein arabischer Poet und Diplomat gehen auf die lange Reise ins Nordland. Die Ansässigen halten die Wendol für Geisterwesen, die ihre Angriffe immer mit aufziehendem Nebel beginnen und durchführen. Sie kommen auf Pferden, Fackeln in der Hand; und sie sind in Bärenfelle gehüllt, weshalb die Wikinger-Krieger sie zunächst für Bärenwesen halten. Es bedarf des Hinweises einer alten weisen Frau, dass die Wendol in offenem Kampf nicht zu besiegen seien, sondern dass man ihrer nur Herr werden könne, wenn es gelänge, deren Anführer und ihre Mutter töten. Und tatsächlich: Man muss in die Höhle eindringen, aus der die Wendol bei Nebel ausrücken, an deren Ende sie auf die »Mutter«, die Stammespriesterin, stoßen; einer der Wikinger bringt sie um, wird dabei aber tödlich vergiftet. Damit ist der Spuk der Wendol beendet, die überlebenden Krieger können in ihre Heimat zurückkehren.

In »The 13th Warrior« kommt einiges zusammen, das auf Modelle und Verfahren populärer Unterhaltung zurückgreift: die Vorstellung der Wikinger als erfahrene Elite-Krieger; die Welt der Bedrohten, der Naiven, eingehüllt in Armut; die Darstellung der Feindwesen als Berserker-Figuren, die zudem noch einer Anderswelt zu entstammen scheinen; die Vorstellung der Bärenmenschen als Zwischenwesen zwischen Mensch und Tier; und die aus vielen Genres bekannte Figur, dass das Zentrum des Bösen vor der Welt verborgen ist (wie hier in einer Höhle) und das Böse nur besiegt werden kann, wenn man dieses Zentrum selbst findet und zerstört. Die Wikinger repräsentieren in »The 13th Warrior« das Gute, agieren in einem ähnlichen Drama wie andere elitäre Kriegerfiguren auch, die die kultivierte Welt gegen die Übergriffe des Bösen verteidigen müssen – eine individualisierte Figur, die sich im Actionfilm, in manchen Söldnerfilmen, aber auch in den Filmen der James-Bond-Reihe findet; die Schergen des Bösen sind gesichts- und namenlos, uniformierte Kampf- (oder: Spiel-)Gestalten. Die ›gute Welt‹, ihre Widersacher und ihre Verteidiger – die Wikinger haben die Seite gewechselt, sie sind zu einer Art ›moralischer Grenztruppen‹ geworden, zu Wächtern der zivilisierten Welt.

Alle diese Beispiele belegen, wie die Wikinger zu fantastischen, vom Historischen gelösten Figuren wurden, ein eigenes Universum populärer Fantasien. Allerdings meldet schon Ágúst Guðmundssons »Útlaginn« (»Die Gisli Saga«; Island 1981) Einspruch gegen diese Imaginarisierung der Wikinger an – ein auf einer Wikingersage beruhendes historisches Biopic aus dem Island des 10. Jahrhunderts; ein Film, der sich schnell als historisch stimmiger, ethnografisch genauer Zugriff auf die Erzählung erweist, der Menschen und ihre alltäglichen Lebensumstände in den Mittelpunkt rückt. Auch Hrafn Gunnlaugssons (vgl. Sjogren 1991; Sorenssen 2005) isländisch-norwegische Filmtrilogie (»Hrafninn flýgur« [»Das versunkene Imperium«, 1984]; »Í skugga hrafnsins« [»Im Schatten des Raben«, 1988] sowie »Hvíti víkingurinn« [»Der weiße Wikinger«, 1991]) erzählt nicht nur von den harten Lebensbedingungen in den skandinavischen Ländern, sondern auch von der Bedeutung, die die Christianisierung für die Raubzüge der Wikinger hatte. So bedeutsam in manchen Geschichten der Wikingerzeit der Konflikt zwischen Christen- und Heidentum gewesen ist und so sehr die Wikingerzüge mit der Verteidigung der angestammten Religionen zusammengebracht wurden, so wenig Bedeutung besitzt der Konflikt sonst im Korpus der Filme; neben den schon erwähnten »Prince Valiant« (1954), »Alfred the Great« (1968) und »Hvíti víkingurinn« (1991) ist auch Ingmar Bergmans im 14. Jahrhundert spielender Film »Jungfrukällan« (»Die Jungfrauenquelle«, Schweden 1960) zu nennen, der in vielen Filmverzeichnissen dem Wikinger-Komplex zugerechnet wird.

DIE ZWEITE PHASE: DAS MARTIALISCHE, DAS LÄCHERLICHE UND DAS SACHLICHE

Erst nach den Hollywood-Großproduktionen der 1950er waren die Imaginationen des Wikingertums von so allgemeiner Bekanntheit, dass die Filmgeschichte daran anknüpfen und eine eigene Produktivität im Umgang mit den Kollektivbildern entfalten konnte. Die Wikinger dieser nun sichtbar werdenden neuen Populärkultur: reine Männerhorden. Mit fremden Gebräuchen und fremder Religion. In hierarchischer Ordnung, auch wenn der Haufen nicht den Eindruck macht. Es sind Männer mit Kämpferstatur. Das Bild ist so dominant, dass in »Veiviseren« (»Pathfinder«, Norwegen 1987, Nils Gaup) Wert darauf gelegt wurde, die Nordmänner so auszustatten, dass sie möglichst martialisch aussehen; zu diesem Zweck trugen die Darsteller unter ihren Kostümen Eishockeyrüstungen. Und sie tragen Hörnerhelme, obwohl diese reiner Fantasie entspringen und bei Ausgrabungen noch nie eine derartige Kopfbedeckung zu Tage gefördert wurde. Die Filmemacher wussten um diese Tatsache; doch sie inszenierten die Wikinger des Films dem Bild folgend, nicht der Realität. Möglicherweise entstand das stereotype Bild »Wikinger mit Hörnerhelm« in Deutschland, als Richard Wagner zur Steigerung des Bühneneffekts die Akteure in der Uraufführung des »Rings der Nibelungen« (1876) vor das Publikum schickte, um sie kriegerischer und einschüchternder wirken zu lassen.

Wikinger sind eine Entität des Performativen. Wenn man sich als ›Wikinger‹ zu erkennen gibt, so ist dies keine Herkunftsbezeichnung, wie es ›Däne‹ oder ›Schwede‹ wäre, sondern ein Wesensbekenntnis (männlich, durstig, rauflustig; keine Untertanenseele!). Zum Performativen gehört das Erscheinungsbild. Hörnerhelme, Trinkhörner, Streitäxte, wilde Bärte, muskulöse Körper. Und natürlich: die Drachenboote! Anders als die historischen Kriegsschiffe, die den Eindruck des Gepanzerten machen, muten die Wikingerschiffe an wie Sport- oder Freizeitgeräte, nur ein Mast und nicht mehrere; Leichtigkeit, Beweglichkeit, Schnelligkeit – schon äußerlich sind die Boote anders als das meiste, was aus der Geschichte des Seefahrens bekannt ist. Der Drachenkopf am Bug ist der einzige Hinweis auf eine kriegerische Absicht, vielleicht aber auch nur ein Symbol, das die Mächte der See bändigen soll. Es ist dieses Erscheinungsbild, das als Wissensschema gut ausgeprägt ist, insbesondere das Drachenboot, das den Assoziationskomplex der Wikinger lebendig macht. Wikinger als ikonisch-emblematische Figuren, zum Zeichen geronnen, selbst zeichenhafter Natur?

Zweifellos handelt es sich um Bildvorstellungen einer rein männlich signifizierten Welt. Weibliche Wikinger sind nicht nur fast immer die Daheimgebliebenen. Kriegerinnen-Wikinger nutzen zwar manche der Versatzstücke des Erscheinungsbildes ihrer männlichen Kollegen; doch schnell werden sie zu Ikonen einer weiblichen Bodybuilding-Kultur. Als Beispiel möge die Figur der Red Sonja aus dem gleichnamigen Barbarenfilm »Red Sonja« (»Red Sonja«, USA 1985, Richard Fleischer) dienen, der in einer fantastisch-historischen Pseudo-Wikingerwelt spielt und die Darstellerin Brigitte Nielsen weltweit bekannt machte, in Metallbikini, kurzem Rock und derbem Schuhwerk als Comic-Ikone inszeniert; die Figur der Roten Sonja entstammt übrigens der Comic-Serie »Conan the Barbarian« (H. 23, 1973) aus dem Marvel-Verlag, sie wurde nach 1977 zur Titelfigur einer eigenen Comic-Serie.

So erkennbar die historisch nur diffus erfassten Wikinger zum Material populärkultureller Bricolage wurden, so sehr sie das historische Profil verloren und es zum Erscheinungsbild von Fantasy-Figuren transformierten, gab es doch schon früh erkennbare Gegenbewegungen, die gegen diese Tendenz standen, indem sie sich über die Imaginarisierung und Sterotypisierung der Wikingerbilder lustig machten – oder indem sie sie in genau gegenläufiger Richtung in einen historischen Kontext zurückbetteten.

Die meisten der Filme, von denen bis hier die Rede war, sind keine Komödien. Der einzige Film, der zu größerer Bekanntheit kam, ist das Monty-Python-Spektakel »Erik the Viking«, der wie andere Filme der Pythons sich über historische und vor allem mittelalterliche Stereotypen vor allem in Strategien der Überspitzung und grotesken Inszenierung lustig machten. Daneben sind es gerade Kinderfilme und -serien, die aber schon länger den Wikingern das Martialische und Bedrohliche ausgetrieben haben. Dazu gehören die animierten TV-Serien »Wickie und die starken Männer« (BRD/Japan 1972, Chikao Katsui, Hiroshi Saitô) oder »Loggerheads« (»Björn und die wilden Wikinger«, BRD/Großbritannien/Irland 1996-97); aber es finden sich auch Lustspiele wie »Sweaty Beards« (»Die verrückten Wikinger«, Schweden 2010, Joakim Jardeby) über einen feigen Wikinger, der sich gegen einen bösen Finnen durchsetzen muss. Eine Sonderrolle spielt sicherlich »Astérix et les Vikings« (»Asterix und die Wikinger«, Frankreich/Dänemark 2006, Stefan Fjeldmark, Jesper Møller) nach dem Comic »Astérix et les Normands« (1967), in dem Wikinger zum Gallier-Dorf reisen, um von ihnen zu lernen, was Angst ist – ein Affekt, der ihnen zutiefst fremd ist; allerdings bedarf es des Gesangs des gallischen Dorfbarden Troubadix, der die Nordmänner in tiefen Schrecken versetzt und sie zur sofortigen Abreise nötigt. Diese Anekdote ist auch in dem Realfilm »Astérix et Obélix: Au Service de Sa Majesté« (»Asterix & Obelix – Im Auftrag Ihrer Majestät«, Frankreich/Spanien/Italien/Ungarn 2012, Laurent Tirard) ausgeführt. Eine ähnliche Funktionsrolle wie die Wikinger spielen die immer siegreichen Piraten in mehreren anderen Asterix-Folgen, die in späteren Episoden sogar das drohende Desaster bereits erwarten und vergegenwärtigen, sobald sie des Gallierschiffes ansichtig werden.

Das Gehabe der Wikinger als machistisches Getue, seine Lächerlichkeit, wenn man es aushöhlt: der asterixianische Umgang mit den Wikingern gehört sicherlich zum rebellischen Geist der 1960er! Umso mehr kann aber die Stabilität der Wikingerbilder als Repräsentation von Bildern einer manchmal archaisch anmutenden Männlichkeit vor allem im Action- und Barbarenfilmen erstaunen.

Erst in den letzten zwanzig Jahren häufen sich mittellange TV-Dokumentationen, die sich verschiedenster Aspekte der historischen Wikingerkulturen annehmen. Den Beginn machte wohl die zehnteilige, insgesamt 300-minütige BBC-Serie »The Vikings« (Großbritannien 1980, Robin Lough) über den

Beitrag der Wikinger zu Kunst, Kultur und Technik des Mittelalters, angeregt durch die Ausstellung mit Wikinger-Kunst im British Museum. Erst Mitte der 2000er Jahre begann eine ununterbrochene Folge von TV-Produktionen (die meisten deutscher und englischer Herkunft) zu Kultur und Geschichte der Wikinger. Ohne in die Vielfalt der Themen eindringen zu wollen, sei hier der Blick auf die regelmäßig verwendeten fernsehdokumentarischen Mittel geworfen: Natürlich sind es die Experten, die Teile der Narration tragen und gleichzeitig die Seriosität des Mitgeteilten garantieren; es sind Objekte der Sachkultur der Wikinger, von Schmuckstücken, Einrichtungsgegenstände über Handwerksgeräte bis hin zu den Resten der Ansiedlungen, vor allem natürlich der ausgegrabenen (teilerhaltenen) Objekte wie insbesondere der Schiffe; es sind Exkursionen zu Ausgrabungsstätten und zu Museumsdörfern (wie Haithabu in Schleswig-Holstein), aber auch zu Museen (wie dem Vikingskipshuset in Oslo). Sozusagen im Kontrast zur Exposition von Funden stehen Blicke in das Übriggebliebene – unschuldige Landschaften, Relikte von Ausgrabungen und ähnliches. Manchmal geht es um die Leistungen der Wikinger als Händler, den Ausbau von Handelsrouten vor allem im Osten, ihre Rolle als frühmittelalterliche Sklavenhändler. Äußerst selten sind Filme über experimentelle Archäologie wie Kurt Denzers »Vom Baum zum Einbaum« (BRD 1989), in dem der Archäologe Harm Paulsen mit historischen Werkzeugen aus einem Baumstamm ein Wikingerboot fertigt. Und noch seltener sind Filme über folkloristische Wiederbelebungen der Wikingerzeit.

Natürlich kann keiner der Filme auf Reenactments verzichten. Mehr oder weniger nahe an dem, was wir über das Aussehen der Wikinger wissen, bewegen sich Schauspieler – bei der Alltagsarbeit, auf dem Schiff, als Krieger in fremdem Land, als Teilnehmer an seltsamen religiösen Zeremonien. Die dokudramatischen Züge der Szenen zwischen den Informationsteilen der Filme sind unübersehbar. Manchmal sind die Grenzen nicht nur zum Spielfilm, sondern sogar zur Fantasy des Films fließend, so, wenn der ZDF-Film aus der »Terra-X«-Reihe »Beowulf« (BRD 2018, Nina Koshofer) das Monster Grendel und dessen Mutter als computeranimierte Monsterfiguren zeigt, als Teil eines Sachfilms, der von einem frühmittelalterlichen Heldenepos handelt, Teile daraus aber wie auf einer Bühne der Illusionen präsentiert. Der Film mag auch als Beispiel dafür dienen, wie nahe die Mittel der Wissensvermittlung in fiktionalen und Sach-Gattungen einander sind.

Ein Bericht über die Filmgeschichte der Wikinger darf die Augen nicht vor der Tatsache verschließen, dass die Präsenz der Wikinger-Embleme in der Alltagskultur massiv zugenommen hat. Ablesbar ist das offensichtlich verstärkte Interesse am Sujet der ›Wikinger‹ nicht nur an der zunehmenden Produktion vor allem des Fernsehens, sondern auch in ganz anderen Feldern populärer Alltagspraxis. Semiotisch gesprochen, hat sich der Topos ›Wikinger‹ ein viel breiteres Ausdrucksfeld erobert gegenüber einer Tradition, die auf Kolportage und

Archäologie beruhte – und auch gegenüber allen Bemühungen, die Wikinger zur Formierung nationaler Geschichte und Identität zu nutzen (vgl. zur Kontinuität derartiger Nutzungen und ihrer kapitalistischen Ummünzung Halewood/Hannam 2001; Hannam/Halewood 2006; Hendricks 2018).

Zuerst in den Blick fällt der weite Bereich des Infotainments; angefangen bei Museumsdörfern, fortgeführt über erfolgreiche Ausstellungen (seit Anfang der 1970er) und Fluten von Büchern (Romane wie Sachbücher). Auf die Rezeption der Figuren im Comic wurde schon hingewiesen; ausdrücklich sei aber noch verwiesen auf den vor allem in Skandinavien populären Viking Rock – eine Ausprägung der Hard-and-Heavy-Music – und die oft wikingeraffinen Kostümierungen der Musiker (vgl. Helden 2010; Baerenholdt/Haldrup 2006).

Nicht zuletzt sind die Wikinger-Fanclubs und ihre Veranstaltungen (z.B. als ›cos-plays‹ und Rollenspiele) ebenso zu verzeichnen wie die folkloristischen Wikingerfeste und -märkte in diversen (meist kleineren) Städten, zu denen sogar etwa Osterburken im Neckar-Odenwald-Kreis zählt. Orte, die nie mit Wikingern zu tun gehabt haben und sie dennoch als Aushängeschilder für ihre Stadtfeste nutzen, weil sie eine eigene Attraktivität mit sich bringen. Am Ende einer Symboldynamik, die im 19. Jahrhundert begann und in die kommerzielle Auswertung der Symbolträger einmündete, ohne dass wiederum deren Versiegen absehbar wäre. ◆

LITERATUR

• **ARNOLD, MARTIN** (2011): Thor: Myth to Marvel. London/New York. • **BAERENHOLDT, JØRGEN OLE/HALDRUP, MICHAEL** (2006): Mobile Networks and Place Making in Cultural Tourism. Staging Viking Ships and Rock Music in Roskilde. In: European Urban and Regional Studies 13/3, S. 209-224. • **DI CARPEGNA FALCONIERI, TOMMASO** (2020): The Militant Middle Ages. Contemporary Politics Between New Barbarians and Modern Crusaders. Leiden/Boston. • **ELLMERS, DETLEV** (1964/65): Zum Trinkgeschirr der Wikingerzeit. In: Offa: Berichte und Mitteilungen zur Urgeschichte, Frühgeschichte und Mittelalterarchäologie 21-22, S. 21-43. • **FORSSLING, GREGERS EINER** (2020): New Foundations. Nationalist and Romantic Visions of the Nordic in Northern Europe and America. In: Ders. (Hg.): Nordicism and Modernity. Cham, S. 15-80. • **HALEWOOD, CHRIS/HANNAM, KEVIN** (2001): Viking Heritage Tourism: Authenticity and Commodification. In: Annals of Tourism Research 28/3, S. 565-580. • **HANNAM, KEVIN/HALEWOOD, CHRIS** (2006): European Viking Themed Festivals: An Expression of Identity. In: Journal of Heritage Tourism 1, S. 17-31. • **HENDRICKS, KIRSTEN** (2018): »Visit Denmark«. Dänische Attraktionen zwischen nationaler Identitätsstiftung und touristischer Inszenierung. In: Jahrbuch für Europäische Ethnologie 13, S. 119-138. • **HARTY, KEVIN J. (HG.)** (2011): The Vikings on Film: Essays on Depictions of the Nordic Middle Ages. Jefferson. • **HAYDOCK, NICKOLAS/RISDEN, EDWARD L.** (2013): Beowulf on Film. Adaptations and Variations. Jefferson. • **HELDEN, IMKE VON** (2010): Barbarians and Literature. Viking Metal and Its Links to Old Norse Mythology. In: Niall W.R. Scott/Dies. (Hg.): The Metal Void: First Gatherings, Oxford, S. 257-264. • **KEEVALLIK, LIINA** (2017): Intellectual and Barbarian Figures in Film: The Bear and the Devil. In: Baltic Screen Media Review 5/1, S. 112-128. • **KRÜGER, HANS-JÜRGEN** (1990): Erik der Rote und Leif der Glückliche. Eine Biographie der Eriksfamilie. Hamburg. • **LANGER, JOHNNI** (2002): The Origins of the Imaginary Viking. In: Viking Heritage Magazine 4/2, S. 6-9. • **LÜHE, BARBARA VON DER** (2020): Die Analyse filmischer Adaptionen der Nibelungensage unter multiperspektivischen Aspekten als Gegenstand des Germanistikstudiums. In: Kwartalnik neofilologiczny 67/3, S. 331-344. • **MAGENNIS, HUGH** (2001): Michael Crichton, Ibn Fadlan, Fantasy Cinema: Beowulf at the Movies. In: Old English Newsletter 35/1, S. 34-38 (online). • **MANEA, IRINA MARIA** (2020): Die mythische Denkweise im Rechtsrock. Volksgemeinschaft und Ahnenkult. In: Journal Exit-Deutschland. Zeitschrift für Deradikalisierung und demokratische Kultur 1/2, S. 208-224. • **MOHR, LUTZ/LIESE, ROBERT** (2000): Wikinger zwischen Pommern und Polarkreis. Sagas oder Wahrheit. 2. bearb. Aufl. Horn/Bad Meinberg. • **NIEDNER, FELIX (HRSG. U. ÜBERS.)** (1965): Thule: altnordische Dichtung und Prosa. 13. Grönländer und Färinger Geschichten. Neuausg. mit Nachwort v. Siegfried Beyschlag. Düsseldorf/Köln. • **OITANA, LUISA** (2006): I berserkir tra realtà e leggenda. Alessandria. • **PETERSEN, KERSTIN** (2020): »Blood Will Show Out«. Vikings, White National Identity, and Masculinity in the Victorian Age. M.A. Thesis, State University of New York at Binghamton. • **RISDEN, EDWARD L.** (2010): The Cinematic Sexualizing of »Beowulf«. In: Essays in Medieval Studies 26, S. 109-115. • **SCHMIDT, RICHARD** (2011): Berserker – die Tierekstasekrieger der Germanen. Leipzig. • **SHAIN, RUSSELL E.** (1974): Hollywood's Cold War. In: Journal of Popular Film 3/4, S. 334-350. • **SJOGREN, OLLE** (1991): Den oklippte vikingen. In: Filmhaftet: Tidskrift om Film och TV, H. 73/74, June, S. 71-84. • **SØRENSSEN, BJØRN** (2005): Hrafn Gunnlaugsson – The Viking Who Came in from the Cold. In: Andrew Nestingen/Trevor G. Elkington (Hg.): Transnational Cinema in a Global North. Nordic Cinema in Transition, Detroit, S. 341-355. • **WAWN, ANDREW** (2000): The Vikings and the Victorians. Inventing the Old North in Nineteenth-Century Britain. Cambridge. • **WULFF, HANS J./KACZMAREK, LUDGER** (2021): Die Wikinger im Film. In: Medienwissenschaft. Berichte und Papiere 204. Internetpublikation: https://berichte.derwulff.de/0204_21.pdf. • **ZETTEL, HORST** (1977): Das Bild der Normannen und der Normanneneinfälle in westfränkischen, ostfränkischen und angelsächsischen Quellen des 8. bis 11. Jahrhunderts. München.

FRÜHERE AUSGABEN

Die ersten neunzehn Hefte der »Pop«-Zeitschrift sind über den Buchhandel und direkt bei transcript erhältlich.

Ausführliche Hinweise zu den einzelnen Heften unter
http://www.pop-zeitschrift.de/heftarchiv/

Mit Beiträgen von Sonja Eismann über posthumane Mode,
Richard Meltzer über Alkohol,
Wolfgang Ullrich über Siegerkunst
- und 15 weitere Aufsätze.

POP
KULTUR & KRITIK

Muster
Screenshot
Tamagotchi
Populismus
Mikrofon

HEFT 14 FRÜHLING 2019

[transcript]

Mit Beiträgen von Christina Bartz über Kochsendungen im TV,
Birgit Richard über Tamagotchi,
Thomas Hecken über Populismus
- und 16 weitere Aufsätze.

NEUERSCHEINUNGEN BEI TRANSCRIPT

www.transcript-verlag.de

Wie Mode extrem rechte Identitäten popularisiert, rechte Gruppierungen sich den Diskurs um sexuelle Gewalt aneignen und Popkultur rassistisch-antifeministische Strategien normalisiert.

**RECHTE ANGRIFFE — TOXISCHE EFFEKTE
UMFORMIERUNGEN EXTREM RECHTER IN MODE,
FEMINISMUS UND POPKULTUR**

*Elke Gaugele, Sarah Held (Hg.), 2021, 250 Seiten, kart., zahl. Abb., 25,00 Euro,
ISBN 978-3-8376-5260-4, E-Book: 21,99 Euro*

How do museum practitioners in Africa overcome the colonial heritage of their institutions? Which significance do diasporic objects and the prospect of restitution have? An issue of the ZfK on the current debate about the decolonization of museums.

**THE POST/COLONIAL MUSEUM
ZEITSCHRIFT FÜR KULTURWISSENSCHAFTEN,
ISSUE 2/2021**

*Anna Brus, Michi Knecht, Juliana Ribeiro da Silva Bevilacqua, Martin Zillinger (eds.), April 2022, ca.
180 Seiten, kart., 14,99 Euro, ISBN 978-3-8376-5397-7, E-Book: 14,99 Euro*

Politiker*innen in lustigen Bildchen?
Ein Comicfrosch als Emblem rechtsextremer Bestrebungen?
Das Onlinephänomen Memes kulturwissenschaftlich erklärt.

**MEMES —
FORMEN UND FOLGEN EINES
INTERNETPHÄNOMENS**

*Joanna Nowotny, Julian Reidy, März 2022, ca. 250 Seiten,
kart., ca. 25,00 Euro, ISBN 978-3-8376-6124-8, E-Book: Open Access*

Die Zeitschrift für Medienwissenschaft steht für eine kulturwissenschaftlich orientierte
Medienwissenschaft, die Untersuchungen zu Einzelmedien aufgreift und durchquert,
um nach politischen Kräften und epistemischen Konstellationen zu fragen.
Heft 26 der ZfM fragt danach, wie Medienwissenschaft antirassistische Praxis werden kann.

**ZEITSCHRIFT FÜR MEDIENWISSENSCHAFT
JG. 14, HEFT 1/2022: X — KEIN LAGEBERICHT**

*Gesellschaft für Medienwissenschaft (Hg.), April 2022, ca. 200 Seiten, kart., 24,99 Euro,
ISBN 978-3-8376-5889-7, E-Book: Open Access*

AUTORINNEN UND AUTOREN

◆ **LISA ANDERGASSEN** ist wissenschaftliche Mitarbeiterin der Fachgruppe für Medienwissenschaft an der Universität Bayreuth.

◆ **TILMAN BAUMGÄRTEL** ist Professor für Medientheorie an der Hochschule Mainz.

◆ **ELENA BEREGOW** ist wissenschaftliche Mitarbeiterin an der Fakultät für Staats- und Sozialwissenschaften der Universität der Bundeswehr München.

◆ **ANDREAS GEBESMAIR** ist Institutsleiter am Department Wirtschaft der FH St. Pölten.

◆ **JOSHUA GROSS** ist freier Autor (Braunschweig).

◆ **TORSTEN HAHN** ist Professor für Deutsche Philologie an der Universität zu Köln.

◆ **THOMAS HECKEN** ist Professor für Germanistik an der Universität Siegen.

◆ **VIOLA HOFMANN** ist wissenschaftliche Mitarbeiterin am Seminar für Kulturanthropologie des Textilen an der TU Dortmund.

◆ **TOM HOLERT** ist freier Autor (Berlin).

◆ **DIETMAR KAMMERER** ist wissenschaftlicher Mitarbeiter am Institut für Medienwissenschaft der Universität Marburg.

◆ **ANNEKATHRIN KOHOUT** ist wissenschaftliche Mitarbeiterin am Germanistischen Seminar der Universität Siegen.

◆ **KASPAR MAASE** ist emeritierter Professor am Ludwig-Uhland-Institut für Empirische Kulturwissenschaft der Universität Tübingen.

◆ **KLAUS NATHAUS** ist Professor am Department of Archaeology, Conservation and History der Universität Oslo.

◆ **CHRISTOPH RIBBAT** ist Professor für Amerikanistik an der Universität Paderborn.

◆ **OLIVER RUF** ist Professor für Ästhetik der Kommunikation an der Hochschule Bonn-Rhein-Sieg.

◆ **GUNNAR SCHMIDT** ist Professor für Theorie und Praxis des Intermedialen an der Hochschule Trier.

◆ **ANNA SEIDEL** ist wissenschaftliche Mitarbeiterin am Institut für Germanistik der Universität Innsbruck.

◆ **WOLFGANG ULLRICH** ist freier Autor (Leipzig).

◆ **DIANA WEIS** ist Professorin für Modejournalismus an der Business School Berlin.

◆ **CHRISTOPH H. WINTER** ist Lehrbeauftragter am Institut für Germanistik der Universität Potsdam.

◆ **HANS J. WULFF** ist emeritierter Professor für Medienwissenschaft an der Universität Kiel.

Weitere Angaben zu den Autorinnen und Autoren finden Sie auf der Internetseite pop-zeitschrift.de.

SUSPICIOUS MINDS courtesy: Viktoria Binschtok / Klemm's Berlin
viktoriabinschtok.wordpress.com